Walter Meyer-Roscher

Predigt in die Zeit

Walter Meyer-Roscher

Predigt in die Zeit

Predigten zu aktuellen Zeitfragen

Fromm Verlag

Imprint

Publisher:
Fromm Verlag
is a trademark of
Dodo Books Indian Ocean Ltd., member of the OmniScriptum S.R.L Publishing group
str. A.Russo 15, of. 61, Chisinau-2068, Republic of Moldova Europe
Printed at: see last page
ISBN: 978-3-8416-0255-8

Inhaltsverzeichnis

Zeitanfrage: Zu viele Opfer an der Straße der Gewalt - Soll ich meines Bruders Hüter sein?

1. Mose 4, 1-16a und Lukas 10,25-37

Liebe Gemeinde!

Zwei Geschichten, in denen von brutaler Gewalt, der ein Mensch zum Opfer fällt, berichtet wird: die uralte Erzählung von Abel, den sein Bruder Kain aus Missgunst und Überheblichkeit erschlägt, und das Gleichnis Jesu von einem Mann, der zwischen Jerusalem und Jericho unter die Räuber fällt und halb tot am Weg liegen bleibt.

Nur zwei Episoden aus einer unendlichen Geschichte von Hass und Gewalt, Brutalität und Vergeltung – einer Geschichte, die ganze Völker immer wieder in Angst und Schrecken versetzt, die uns alle nicht zur Ruhe kommen lässt? Nein, es sind keine Episoden, die man getrost vergessen kann. Es sind vielmehr symbolische Geschichten, die einen großen Bogen schlagen wollen vom nicht wieder gutzumachenden Anfang bis zu einer Hoffnung auf Veränderung.

Am Anfang steht Kain mit seiner Tat und mit seiner scheinheilig-egoistischen Frage: "Soll ich meines Bruders Hüter sein? "

Abel steh auf, damit es anders anfängt zwischen uns allen – ein Wunsch, der die erste Gewalttat revidieren und unsere Geschichte von Anfang an verändern möchte. Abel steh wieder auf, dann könnten sich doch neue hoffnungsvolle Wege für ein friedliches Miteinander der Menschen auftun. Dann würde auch die alte Frage, ob ich meines Bruders Hüter sein soll, eine neue Antwort finden können.

Hilde Domin gibt diesem Wunsch und dieser Hoffnung in einem Gedicht Ausdruck:

"Abel steh auf, wir müssen neu anfangen.
Täglich müssen wir neu anfangen können.
Täglich muss die Antwort noch vor uns sein,
und die Antwort muss JA sein können.
Wenn du nicht aufstehst, Abel, wie soll die Antwort,
diese einzige wichtige Antwort sich je verändern?
Wenn du nur aufstehst und es rückgängig machst,
die erste falsche Antwort auf die einzige Frage, auf die es ankommt.
Steh auf, damit Kain sagt, damit er es sagen kann:
Ja, ich bin dein Hüter, Bruder,
wie sollte ich nicht dein Hüter sein?
Aber steh auf, damit es anders anfängt zwischen uns allen".

Ja, wenn alle die unzähligen Opfer brutaler Gewalt wieder aufstehen könnten, die Opfer von Vorurteilen und Hass. Wenn sie doch wieder aufstehen könnten, die unbarmherziger Egoismus und kalte Lieblosigkeit zu Boden getreten, in einen unverdienten Tod getrieben haben. Dann könnten wir doch mit eigenen Augen sehen, dass es im Miteinander von Menschen anders werden kann. Aber dieser verzweifelte Wunsch findet keine Erfüllung.

Die unschuldigen Opfer von Hass und Gewalt stehen nicht wieder auf, wie wir dies manchmal erhoffen. Abel liegt tot am Boden, und er bleibt dort auch liegen. Das ist wie ein Fluch, der unsere Geschichte von Anfang an belastet. Der Wunsch, er könnte wieder aufstehen und damit das Geschehen von Gewalt und Totschlag rückgängig machen, wird nicht erfüllt.

Und doch stirbt die Hoffnung nicht, dass es einmal anders und neu zwischen uns allen anfangen könnte, dass Hass und Gewalt unser Zusammenleben nicht endgültig vergiften und zerstören, dass Egoismus und Lieblosigkeit nicht das letzte Wort haben.

Diese Hoffnung greift Jesus auf. Er kleidet sie in eine gleichnishafte Erzählung, die Geschichte vom barmherzigen Samariter. Seltsamerweise erwähnt Jesus die Gewalttäter nicht weiter. Er erzählt nur: Ein Mann fällt an der öden Wüstenstraße von Jerusalem nach Jericho unter die Räuber. Die schlagen ihn, ziehen ihn aus und lassen ihn halbtot liegen. Dann ist von diesen Tätern nicht mehr die Rede. Unser spontaner und ganz menschlicher Wunsch nach einem Eingreifen von Ordnungskräften, nach Verhaftung und gerechter Strafe wird in diesem Gleichnis ignoriert. Die Räuber verschwinden in der Anonymität, aus der sie so plötzlich aufgetaucht sind. Offenbar geht es Jesus gar nicht um die Täter, sondern um die, die auf die Tat und das unschuldige Opfer zukommen.

Der Priester und der Levit, offizielle Vertreter der Religion, rechtschaffene, geachtete und sicher auch fromme Menschen, sehen das Opfer und sehen weg. Warum? Wir wissen es nicht. Jesus sagt es auch nicht. Wir wissen nur: Beide sind gewissermaßen Gottesdiener, vertraut mit der Ordnung und Liturgie des Gottesdienstes. Beide kennen Gottes Gebote und sind auch mit ihrer Auslegung vertraut. Aber sie sehen weg. Aus Angst, dass auch sie an dieser gefährlichen Straße zu Opfern brutaler Gewalt werden können? Aus Gleichgültigkeit, weil sie anderes und nach ihrer Meinung Wichtigeres zu bedenken haben? Oder weil sie sich nicht zuständig fühlen und die erste Fürsorge lieber denen überlassen, die dazu ausgebildet sind und deren Beruf die professionelle Hilfe ist? Es gibt viele denkbare Gründe und nicht wenige berühren uns, treffen uns, treffen eine Mentalität, die sich in unserer Gesellschaft breit gemacht hat: Wegsehen, sich nicht angesprochen fühlen, anderen die Verantwortung zuschieben. Soll denn ausgerechnet ich meines Bruders Hüter sein?

Vielleicht ist ja das Wegsehen für Jesus eine besondere Form der Eskalation von Gewalt in unserer Welt. Abel steht nicht wieder auf. Aber der eigentliche Skandal ist, dass immer mehr Menschen sich von den Opfern an der Straße der Gewalt gar nicht mehr angesprochen fühlen, dass sie wegsehen, dass menschliches Mitgefühl verloren geht.

Der Samariter hätte auch einen Grund wegzusehen und vorüberzugehen. Der da halbtot an der Straße liegt, ist ein Mann aus dem jüdischen Volk, und er, der Samariter, ist nur ein Fremder, der nicht dazu gehört. Seine Volks- und Glaubensgemeinschaft ist nur eine kleine Randgruppe mitten im Gebiet der großen jüdischen Glaubensgemeinschaft, immer wieder ausgegrenzt, diskriminiert, mit Missachtung gestraft.

Ausgerechnet dieser Mann hat einen wachen Blick für das Leiden anderer und ein offenes Herz, das mitfühlen und mitleiden kann. Das unschuldige Opfer jammert ihn, so drückt es Jesus aus. Seine Gefühle richten sich unmittelbar auf den, der seine Zuwendung und Hilfe braucht. Da fallen die Schranken, die zwischen Menschen und menschlichen Gemeinschaften gezogen werden und uns dann oft das Leiden anderer gar nicht empfinden lassen: Die gehören nicht zu uns, zu weit weg, oder auch selbst schuld – und wie die Ausflüchte auch heißen mögen, um sich das Elend derer, die unter die Gewalttäter gefallen sind, vom Leibe zu halten.

Auf der Straße der Gewalt nicht die Augen verschließen, hinsehen, mitfühlen und da helfen, wo wir die Nächsten sind. Das will Jesus am Beispiel des Samariters verdeutlichen. Nicht am Ausmaß und an der Eskalation der Gewalt verzweifeln, sich nicht in eine egoistische Resignation zurückziehen, sondern da helfen, wo es unmittelbar notwendig ist. Nächstenliebe richtet sich immer auf den, der vor unseren Augen unter Gewalt und Hilflosigkeit leidet.

Der Mann, dem der Samariter so fürsorglich hilft – mit Versorgung der Wunden, mit Nahrung und mit finanzieller Hilfe, dieser Mann kann im Gegensatz zu Abel wieder aufstehen, obwohl er schon halbtot am Boden lag. Da konnte sich etwas verändern im Leben eines Gewaltopfers, sicher auch in seiner Beziehung zu seinem warmherzigen Nächsten, der empfunden hat: Ja, ich bin meines Bruders Hüter.

Da muss Eure Hoffnung ansetzen, sagt Jesus. Ihr selbst könnt sie gestalten durch Hinsehen und Zuwendung, durch Mitfühlen, Mitleiden und Fürsorge. Für die, die immer nur auf das ganze Ausmaß der Gewalt in unserer Welt starren und die dabei gleichgültig werden, mag das keine die Verhältnisse umkehrende Veränderung sein. Aber für euch ist es die Möglichkeit, eine Antwort auf die Anfangsfrage des Schriftgelehrten zu finden: Was muss ich tun, damit ich das ewige Leben ererbe?

Für euch, sagt Jesus, ist die Nächstenliebe, wie der Samariter sie beispielhaft gestaltet, die einzige Möglichkeit, den Weg in ein erfülltes, menschenwürdiges Leben zu finden. Dazu gehört die Antwort auf die uralte Kainsfrage, ob ich meines Bruders Hüter sein soll: "Ja, ich bin dein Hüter, Bruder, wie sollte ich nicht dein Hüter sein?" Durch diese Antwort werden wir anderen zum Nächsten und können an der Gestaltung einer vorurteilsfreien und friedfertigen Menschengemeinschaft mitwirken.
Amen

Zeitansage: Wir sind Getriebene

1. Mose 12, 1 – 4a

Liebe Gemeinde!

"Es muss das Herz bei jedem Lebensrufe
bereit zum Abschied sein und Neubeginne,
um sich in Tapferkeit und ohne Trauern
in andere, neue Bindungen zu geben.
Und jedem Anfang wohnt ein Zauber inne,
der uns beschützt und der uns hilft zu leben".

Ja, jeder Lebensruf bedeutet Abschied und auch die Bereitschaft zu einem Neubeginn. Nur wer bereit ist, sich in andere, neue Bindungen zu geben, kann zuversichtlich die Stufen des Lebens beschreiten. Hermann Hesse ist sich sicher: Und jedem Anfang wohnt ein Zauber inne, der einem Menschen auf seinem Lebensweg weiterhilft.

Aber wer gibt schon gern auf, was er hat: mühsam Erworbenes, glücklich Erreichtes, die berechenbare Sicherheit des Gewohnten, Bindungen, die sich als tragfähig erwiesen haben? Wer macht sich schon gern auf den Weg in eine ungewisse Zukunft?
Jeder Lebensruf, wie Hermann Hesse ihn beschreibt, weckt auch Urängste. Und die haben sich in unserer Zeit auf dramatische Weise verstärkt, sind bedrohlicher geworden und haben uns zu Getriebenen gemacht.

Wir werden vorwärts getrieben durch die Dynamik von grenzenlosem Forschungsdrang, wissenschaftlichen Erkenntnissen, technischen Innovationen, globalisierter Wirtschaft. Sie erzeugen Veränderungen, die unser Leben und unser Zusammenleben immer intensiver und in immer kürzeren Abständen massiv beeinflussen. Wer kann da heute noch sagen: "Und jedem Anfang wohnt ein Zauber inne, der uns beschützt und der uns hilft zu leben"?

Vielleicht sehen die Jüngeren in der Dynamik von Ausbildung, Umschulungen, Zeitverträgen, Wohnortwechseln ja durchaus auch immer neue Chancen. Aber die Älteren spüren doch wohl mehr die Angst vor frühzeitigem Existenzverlust und dem Verlust lebenswichtiger Beziehungen. Das macht viele zu Getriebenen. Statt mutig von Stufe zu Stufe zu schreiten, sehen sich immer mehr – auch in unserer Gesellschaft – auf dem unsicheren Weg in eine Zukunft, deren Horizont keine Orientierung verspricht.

Mascha Kaleko, die deutsch-jüdische Dichterin, die in einem fast lebenslangen Exil immer weiter wandern musste, hat es nicht nur für sich und die Generation der damaligen Exilanten, sondern vielleicht auch für viele von uns geradezu programmatisch zum Ausdruck gebracht:

"Wohin ich immer reise,
Ich fahr nach Nirgendland…
Die Wälder sind verschwunden,
Die Häuser sind verbrannt.
Hab keinen mehr gefunden.
Hat keiner mich erkannt…
Wohin ich immer reise,
Ich komm nach Nirgendland".

Könnte es sein, dass die Dynamik der Veränderungen, deren Sog uns mitreißt, uns alle letztlich in ein Nirgendland führt, ein Land ohne dauerhafte Ordnungen, ohne allgemein anerkannte Werte, ohne Gemeinschaftserfahrungen, ohne Heimatrecht? Was bleibt uns, wer bleibt uns? Mascha Kaleko hat erfahren:
"Wir haben keinen Freund auf dieser Welt. Nur Gott...

Von all den vielen ist nur er geblieben. Sonst keiner, der in Treue zu uns hält."

Ja, von all den vielen, die im Namen des Fortschritts oder auch im Namen von Macht und Besitzgier zum Aufbruch drängen, ist er der Einzige, der nicht nur zum Aufbruch ruft, sondern auch ein Ziel angibt. So hat Abraham es erfahren und ist damit zum Urbild von Mut, von Zuversicht, von Glauben geworden.

"Geh aus deinem Vaterland und aus deines Vaters Haus"! Abraham hat mit der Aufforderung zum Aufbruch gleichzeitig Gottes Zusage gehört: "In ein Land, das ich dir zeigen will". Seit Abraham hat unser Gottesglaube etwas zu tun mit dem Mut zum Aufbruch. Und dieser Glaube lebt von dem Versprechen Gottes, den Weg zu weisen, uns zu begleiten in eine Zukunft, die er uns zeigen will.

Orientierung und Begleitung braucht jeder, der die Aufforderung zum Aufbruch, zum Loslassen und zum Weitergehen erfährt. Für Abraham war diese Zusage Gottes entscheidend. Ihn trieb nicht blinder Gehorsam, sondern die Überzeugung, dass der, dessen Ruf zum Aufbruch ihn erreichte, sich mit ihm zusammen auf einen langen, gefahrvollen, unsicheren Weg begeben wollte – vor ihm, um ihm Weg und Ziel zu zeigen, und mit ihm, um ihn auf diesem Weg zu schützen.

Begleitung, Schutz und die Aussicht auf ein Ziel, das am Horizont zu ahnen ist – für Abraham war es mit der Zusage des Segens verbunden: "Ich will dich segnen", verspricht Gott, "und du sollst ein Segen sein"- für andere, für viele. Die Segenszusage gilt bis heute, und sie gilt allen, die versuchen, den Glauben an Gott als Vertrauen auf seine Nähe zu leben.

Paulus hat es so zum Ausdruck gebracht: Abraham vertraute auf Gott und so werden alle, die aus diesem Vertrauen leben, gesegnet in Gemeinschaft mit Abraham, der geglaubt und vertraut hat. (Nach Galater 3,6 und 9)

Gottes Segen, das lernen wir von Abrahams Aufbruch und seinem Weg, ist nicht nur ein Ritual der "Entlassung" aus einer gottesdienstlichen Feier. Segen ist ein Versprechen Gottes, das wir gerade dann als Lebensmöglichkeit brauchen, wenn die ständige Herausforderung, immer neue Aufbrüche in immer neue Veränderungen von Lebensgewohnheiten wagen zu müssen, uns Angst macht. Gott will uns auf einen Weg führen, auf dem wir von Vertrauen und mit Vertrauen weiterleben können.

Wir müssen uns nicht bannen lassen durch die eigenen Zweifel und die Erfahrung, dass so vieles in unserem Leben in den Sog der allgemeinen Hektik gerissen wird und dadurch fragmentarisch bleiben muss. Segen bedeutet die Freiheit von allen Zwängen der Selbstrechtfertigung, wenn wir durch die Dynamik der Veränderungen überfordert werden, wenn wir uns verbraucht und nicht mehr so richtig lebenstauglich fühlen.

Paulus erinnert daran, dass wir gerade dies von Abraham lernen können: Wir müssen die Grundlagen unseres Lebens nicht selbst legen und sichern. Wir sind nicht die Macher des Lebens. Wir müssen es auch nicht sein. Wir können Gott zutrauen, dass er sein dem Abraham gegebenes Versprechen hält: "Ich will dich segnen und du sollst ein Segen sein".

Mit seinem Segen, mit dem Vertrauen auf seine Nähe Veränderungen nicht fürchten, sich nicht in Resignation und Hoffnungslosigkeit zurückziehen, vielmehr die alten Gebote Gottes für unsere Zeit leben und weitergeben, seine lebenswichtigen Ordnungen des Zusammenlebens auch weiter menschenwürdig gestalten – so gehen wir in ein Land, das Gott uns jeden Tag neu zeigen will. Amen

Zeitanfrage: Brauchen wir eine Gedenkkultur?

Ansprache im ökumenischen Gottesdienst
auf dem Marktplatz zu Hildesheim
anlässlich des 50. Jahrestages der Zerstörung der Stadt am 22. März 1945

5. Mose 30, 15-20 in Auswahl
"Siehe, ich habe dir heute vorgelegt das Leben und das Gute, den Tod und das Böse, damit du das Leben erwählst und am Leben bleibst, indem du den Herrn, deinen Gott, liebst und seiner Stimme gehorchst, spricht Gott, der Herr."

Liebe Zuhörerinnen und Zuhörer!
Wie kann das längst Vergangene Sprache werden – eine Sprache, die wir verstehen, eine Sprache, mit der ein Mensch den anderen erreicht? Es gibt die Sprache der Tränen und der Klage, die Sprache des Entsetzens, aber auch die der Anklage und des Hasses. Es gibt die Sprache des Schweigens und des Verschweigens, und es gibt die nüchterne Sprache der Information, die unseren Verstand, nicht aber unser Herz erreicht.

Welche Sprache finden wir, wenn wir des Untergangs der alten Stadt Hildesheim, unserer Stadt, heute vor 50 Jahren im Bombenhagel gedenken?

Die Sprache der Information: Für die erste Bombergruppe, die damals Kurs auf Hildesheim nahm, lautete der Angriffsbefehl: "Insgesamt 200 Flugzeuge plus Pfadfinder werden das Ziel angreifen. Kampfauftrag: Zerstörung der Stadt mit den verbundenen Industrie- und Bahnanlagen. Resultate des Angriffs sind durch Berichte der Piloten und Fotos zu belegen."

Noch am gleichen Tag berichtete der Chef der Ordnungspolizei in Berlin: "Hildesheim: Schwerer Angriff durch etwa 300 bis 400 Kampfflugzeuge. Erhebliche Gebäudeschäden, besonders in der Stadtmitte. Zahlreiche Klein- und mehrere Großbrände. Etwa 50 000 Obdachlose.Vermutlich erhebliche Personenverluste".

Die Sprache der Information – Worte, Zahlen, die nach 50 Jahren für viele eine nicht mehr vorstellbare Wirklichkeit beschreiben.

Aber es gibt Worte, die das Geschehen von damals heute in erschreckender Weise wieder lebendig werden lassen, weil sie ganz unmittelbar die Angst und das Entsetzen der Menschen im Bombenhagel und im Sturm des alles vernichtenden Feuers widerspiegeln - eine Sprache, die niemand überhören kann.

Da erinnert sich ein Hildesheimer, der am 22. März auf dem Gelände der Stadtwerke Dienst tat, dieser schrecklichen Minuten zwischen Leben und Tod: "Das Inferno schien eine Ewigkeit zu dauern… Bombenabwürfe über Bombenabwürfe… Dunkelheit um mich, die immer wieder durch wirbelnden Feuerschein durchbrochen wurde. Jetzt begriff ich, welche Formen das Entsetzen hat. Man glaubt, es im Anfang noch bekämpfen zu können. Aber es kommt immer wieder, stärker als zuvor… bis man es nicht mehr vertreiben kann.

Die Hitze überstieg jedes Maß. Die kochende Luft geriet in Bewegung und erzeugte riesige Wirbel, glühendheiße Stürme. Ich musste mich flach auf den Erdboden legen, um noch atmen zu können. Dabei dachte ich an meine Familie und überlegte, welche Möglichkeit bestand, dieser Hölle lebend zu entrinnen."

Er ist ihr entkommen – dieser Hölle, unzählige andere aber nicht.

Redet doch nicht mehr davon, sagen nach 50 Jahren viele. Die Toten ruhen, die Stadt ist längst aus den Trümmern neu erstanden, der Hildesheimer Marktplatz ist wieder zum Schmuckstück der Innenstadt geworden. Die Sprache des Verschweigens angesichts vergangener Gewalt und Zerstörung, vergangenen Leidens und Sterbens! Nein, diese Sprache soll heute nicht unsere Sprache sein. Wir dürfen sie nicht verschweigen - die Erinnerung an Krieg und Gewalt, an die ohnmächtigen Opfer, an verratene Menschlichkeit, an menschliche Schuld und menschliches Versagen.

Über dem Eingang des deutschen Soldatenfriedhofs von El Alamein in Nordafrika stehen die Worte: "Lernt aus verwehter Spur, sorgt, dass die Wüste nicht wächst". Aus der Klage von damals erwächst die Mahnung für heute – in einer Sprache, die uns unmittelbar erreicht. Lernt aus verwehter Spur! Gedenken macht nur Sinn, wenn aus der Erinnerung Wissen wächst, wenn das Vergangene nicht vergessen wird, sondern heute unser Gewissen schärft.

Lernt aus verwehter Spur! Denkt an die dunkle Vorgeschichte des 22. März 1945! Zu ihr gehört der 9. November 1938, als auch die Hildesheimer Synagoge niedergebrannt wurde und die entsetzliche Gewalt an jüdischen Mitbürgern ihren Anfang nahm. An diesem Tag hat der Pastor und Widerstandkämpfer Dietrich Bonhoeffer in seiner Bibel die Worte des 74. Psalms unterstrichen: "Sie verbrennen alle Häuser Gottes im Lande". Was damals begann, endete mit brennenden Kirchen, Häusern und Städten.

Vor Hildesheim sind andere Städte durch deutsche Flugzeuge bombardiert worden. Ich nenne nur Coventry in England. In der Ruine der zerstörten Kathedrale habe ich mit einer Hildesheimer Jugendgruppe vor 30 Jahren gestanden – und die Vorgeschichte des 22. März 1945 wurde für uns erdrückend lebendig. Ja, die Macht der Gewalt begann, als wir ihrer Faszination erlagen und einer menschenverachtenden Ideologie Macht über uns gaben.

Lernt aus verwehter Spur! Sorgt, dass die Wüste von Hass und Gewalt, die Wüste, in der Schwache an die Seite gedrängt und Fremde ausgestoßen werden, in der das Recht des Stärkeren triumphiert und die Menschenwürde der Hilflosen und Ohnmächtigen mit Füßen getreten wird – sorgt, dass diese Wüste nicht weiter wächst; sorgt, dass sie sich nicht wieder bei uns ausbreitet!

Sich erinnern, um der Verwüstung mitmenschlichen Zusammenlebens Grenzen zu setzen, um eine für alle lebenswerte Zukunft mit zu gestalten – darum muss es heute gehen. Diese Erinnerung aber bedarf letztlich einer Sprache, in der noch eine andere Stimme hörbar wird: Die Stimme dessen, der uns anspricht auf unsere Verantwortung für das Leben. Gott sagt, und so lesen wir es in unserer Bibel: "Siehe, ich habe dir heute vorgelegt das Leben und das Gute, den Tod und das Böse, damit du das Leben erwählst und am Leben bleibst, indem du den Herrn, deinen Gott, liebst und seiner Stimme gehorchst."

Es ist notwendig, auf diese Stimme zu hören und unsere Freiheit zu nutzen für das Leben und für das Gute – überall da, wo Gottes Vergebung heute unter uns mit Gnadenlosigkeit beantwortet, wo Gottes Barmherzigkeit, die jeder von uns erfährt, nicht weitergegeben und wo Gottes Gerechtigkeit, von der wir alle leben, anderen Menschen durch Hass, Vorurteile und Gewalt vorenthalten wird. Lasst uns um Gottes willen mitsorgen, dass die Wüste nicht wächst; lasst uns Barmherzigkeit üben, hinhören, wo die Not von Menschen verschwiegen wird, hinsehen, wo Gleichgültigkeit sich breit macht; lasst uns für Gerechtigkeit eintreten und Schritte auf dem Weg des Friedens wagen! Das wäre ein Gedenken gegen den Tod und für das Leben. Dazu helfe uns Gott!
Amen

Zeitansage: Lernt aus verwehter Spur

45 Jahre Wiedereinweihung von St. Andreas zu Hildesheim im Jahr 1965

1. Johannes 4,21

Liebe Gemeinde!
Du sollst vergessen! Das sagen uns nicht nur Historiker, die die dunkelste Zeit unserer jüngeren Geschichte für so belastend halten, dass wir uns dieser Belastung nicht länger aussetzen sollten. Das sagen auch alle, die ihre eigene Einbindung in das Geflecht eines zutiefst bösen Systems ungeschehen machen, verdrängen wollen. Das sagen schließlich auch die Jüngeren, für die diese Zeit von Hass, Gewalt und Krieg Vergangenheit ist – für ihr eigenes Leben ohne Bedeutung. Du sollst vergessen!

Ja, nach dem zweiten Weltkrieg mit den unzähligen Toten und all den an Leib und Seele Verletzten, mit den schrecklichen Zerstörungen und Verwüstungen hat man in Deutschland erst einmal vergessen wollen. Zunächst wollten die Deutschen einen Neuanfang und den Wiederaufbau des Zerstörten gestalten können. Auch hier in Hildesheim hat man bald vergessen wollen – nicht nur die schrecklichen Zerstörungen in unserer Stadt, sondern auch den vorausgegangenen Brand der jüdischen Synagoge am 9. November 1938.

Dabei konnte man doch einen inneren Zusammenhang nicht leugnen zwischen dem Brand der Synagoge und den Bränden, die die Hildesheimer Innenstadt mit ihren schönen, alten Kirchen am 22. März 1945 in Schutt und Asche gelegt haben. Wollte man diesen Zusammenhang auch vergessen?

Meine damals junge Generation hat dann doch sehr schnell verstanden, dass Vergessen nicht hilft. Wir haben verstanden, dass unterschwellig weiter wuchernder Hass und weiter gelebte Vorurteile nur immer neue Gewalt hervorbringen. Darum haben wir uns auch gegen die alten Grenzziehungen zwischen Rassen und Völkern aufgelehnt. Vergessen hat für uns Verdrängen bedeutet. So haben wir uns verpflichtet gefühlt, die Erinnerung an die Vergangenheit wach zu halten, um daraus für die Gegenwart zu lernen.

Nein, das Gebot "Du sollst vergessen" darf auch heute nicht zu einem Leitwort menschlichen Zusammenlebens werden. Das Gebot muss vielmehr lauten: Seid wachsam, um aus verwehter Spur zu lernen. Lasst euch herausfordern, um mitzuhelfen, dass die Verwüstung mitmenschlichen Zusammenlebens nicht weiter wachsen und wuchern kann. Lernt aus verwehter Spur!

Die Spuren des Krieges in unserem Land und unseren Städten sind durch den Wiederaufbau und das Wirtschaftswunder – auch in unserer Stadt Hildesheim - schnell verschwunden. Heute feiern wir hier in St. Andreas einen Gottesdienst, in dem wir uns der Wiedereinweihung der alten Hildesheimer Bürgerkirche am 29. August 1965 erinnern. Unsere Kirche St. Andreas – schöner, eindrücklicher, gewaltiger als diese Kirche in ihrer Baugeschichte und vor ihrer Zerstörung 1945 je gewesen ist.

Ja, die Spuren der Zerstörung am Ende des schrecklichen Weltkrieges sieht heute niemand mehr. Aber ist auch vergessen, was gewesen ist? Sind die Opfer vergessen, die Hass und Gewalt gefordert haben – hier in Hildesheim, aber auch in London oder Coventry? Wir erinnern uns. Wir wollen uns erinnern – um unserer Zukunft und der Zukunft aller Menschen willen, die in Frieden leben wollen.

So erinnern wir uns an den Wiederaufbau und die feierliche Wiedereinweihung unserer Kirche. Für alle, die das vor 45 Jahren miterlebt haben, hat die Einweihung von St. Andreas am 29. August 1965 eine große symbolische Bedeutung gehabt.

Wenige Wochen vorher habe ich in der St. Helen's Kirche von London-Kensington predigen dürfen. Meine Frau und ich haben nach vielen vorangegangenen Kontakten noch einmal eine ganz offizielle Einladung an die Gemeinde überbracht, deren Kirche durch deutsche Bomben zerstört worden war. Beide Gemeinden wollten die Einweihung von St. Andreas gemeinsam feiern – im Zeichen der Versöhnung zwischen unseren Völkern und auch zwischen unseren Kirchen.

Ich habe meine damals in St. Helen's gehaltene Predigt noch einmal nachgelesen. Ich hatte ihr einen Vers aus dem 1. Johannesbrief zugrunde gelegt: "Dies Gebot haben wir von ihm, dass wer Gott liebt, dass der auch seinen Bruder, seine Menschengeschwister lieben soll".

"Gerade das aber", so habe ich damals gesagt, "haben wir immer wieder vergessen, auch unsere Kirchen. Dadurch ist der christliche Glaube in unseren Gemeinden so oft zur religiösen Selbsterbauung geworden. Wenn wir nun unsere wieder aufgebaute St. Andreaskirche am 29. August einweihen, dann wollen wir von Anfang an deutlich machen, dass das Leben unserer Gemeinde eben nicht von dieser religiösen Selbsterbauung bestimmt werden darf. Darum soll schon die Einweihung der Kirche unter der Idee der Versöhnung zwischen den Völkern stehen. Angesichts der Zerstörungen in der Vergangenheit, die ein Werk des Hasses waren, wollen unsere beiden Gemeinden nicht Schuld gegen Schuld aufrechnen, sondern einen neuen Anfang setzen. Dabei wollen wir auch die Grenze, die noch zwischen unseren Kirchen trotz großer Gemeinsamkeit besteht, mit überwinden helfen. Wir wollen zum Ausdruck bringen, dass die Kirchen die ersten sein müssen, die angesichts der Fragwürdigkeit trennender Grenzen aufeinander zugehen. Möge Gott diesen Anfang segnen".

Unsere Einladung nach Hildesheim hat die St. Helen's Gemeinde gern angenommen. Etwa achtzig Gemeindeglieder kamen zu uns, feierten und lebten eine Woche mit uns. Ein Bild aus den schönen festlichen Tagen des Zusammenseins mit unseren englischen Gästen, die sehr schnell zu unseren Freunden wurden, hat mich bis heute begleitet.

Ich erinnere mich an den Abendmahlsgottesdienst, den wir am Nachmittag des 29. August nach dem Einweihungsgottesdienst und nach dem festlichen Empfang der Stadt Hildesheim gefeiert haben. Ein ökumenisches Zeichen, da es ja offiziell zwischen unseren Kirchen noch keine Abendmahlsgemeinschaft gab! Ein Zeichen, das seinen Wert in sich hatte. Wir alle haben das damals so empfunden.

Ich sehe jetzt wieder, wie eine alte Frau aus unserer Gemeinde zusammen mit ihrem englischen Gast, ungefähr ebenso alt, zum Altar geht. Die beiden Frauen hatten einander untergehakt und haben so das Abendmahl gefeiert. Später habe ich erfahren, dass beide einen Sohn im Krieg verloren hatten – jeder gefallen auf einer anderen Seite der schrecklichen Frontlinien und Grenzziehungen.

Das Bild von den beiden Frauen, denen Ideologie und Propaganda Hass und Feindschaft gepredigt hatten und die nun auf Grund ihrer Glaubensüberzeugung auch ganz persönliche Grenzen überwunden hatten und zu Freundinnen geworden waren, ist mir noch gegenwärtig. Ich erinnere mich daran, wenn ich das Bibelwort höre: "Dies Gebot haben wir von ihm, dass wer Gott liebt, dass der auch seine Menschengeschwister lieben soll".

Der englische Prediger im Einweihungsgottesdienst heute vor 45 Jahren, Propst an der damals neu errichteten, eindrucksvollen Kathedrale von Coventry, die die Ruinen der alten, von deutschen Bomben schon zu Beginn des Krieges zerstörten Kathedrale einschließt, hat auf dieser Kanzel in seiner Predigt gesagt: "Wir wissen wie ihr, dass uns Gott nicht nur die Gelegenheit gegeben hat, ein Gebäude aus Stein neu zu erbauen und es schön auszugestalten. Gott hat uns auch die Gelegenheit gegeben, vor aller Welt ein Bekenntnis unseres Glaubens abzulegen, damit die Welt es im Zusammenhang unserer Geschichte und der internationalen Beziehungen hört. Ihr habt mir, einem Engländer aus der Stadt und Kathedrale Coventry, wo sich vor 25 Jahren große Bitterkeit und Hass angesammelt hatten, erlaubt, in eurer neuen Kirche zu sprechen. Das heilt die Wunden der Bitterkeit, die auch hier bei der Zerstörung dieser Kirche entstanden waren. Ihr ermöglicht mir, für uns alle zu sagen, dass in dieser so bitter geteilten Welt der christliche Glaube an die Heilung, an das Vergeben und an die Versöhnung allein die Macht hat, sich über die engen und sinnlosen Grenzen von Nationalität und Geschichte hinwegzusetzen."

Heute, am 29. August 2010 ist ein freies, offenes und freundschaftliches Miteinander unserer beiden Völker im vereinigten Europa zu einer Selbstverständlichkeit geworden. Damals, 1965, war es das nicht. Aber wir in unseren Gemeinden von St. Andreas Hildesheim und St. Helen's London haben dazu beigetragen, dass aus Feindschaft Freundschaft wurde, aus Hass und Vorurteilen Verständigung und Versöhnung. Das können wir nicht vergessen und das wollen wir auch nicht vergessen.

Das Bekenntnis unseres Glaubens damals wirkt weiter in unsere Gegenwart heute und in die Zukunft, die vor uns liegt. Das Vertrauen auf Gottes Liebe begleitet uns ebenso wie das Gebot, dass Gottes Liebe die Nächstenliebe einschließen muss. Die Mahnung gilt auch heute: Lernt aus verwehter Spur, sorgt dass die wuchernde Wüste der Vorurteile, der Missgunst, des Hasses und der Gewalt nicht weiter wächst. Helft mit, dass die Verwüstung mitmenschlichen Zusammenlebens durch alte und neue Grenzen, die Menschen voneinander trennen, nicht immer bedrohlicher wird.

Ich meine die Grenzen, die die Fanatiker aufrichten, die Fundamentalisten in den Religionen, die Nationalisten und Rassisten, die wieder ihre Parolen hinausschreien, die nur die eigene Überzeugung, die eigene Hautfarbe, die eigene Herkunft gelten lassen wollen; die wieder Hass säen und vor Gewalt nicht zurückschrecken; die wieder bereit sind, auch unschuldige Opfer in Kauf zu nehmen. Ich meine ebenso die Grenze zwischen den Satten, die immer mehr haben und verbrauchen wollen, und den Hungrigen, denen man immer weniger zum Überleben zugesteht. Ich meine auch die Grenze zwischen den Erfolgreichen, die ihre Erfolge auf Kosten anderer ausbauen, und den schwachen, kranken, ausgebrannten Menschen, die an den Rand des gesellschaftlichen Zusammenlebens geraten sind.

Die Grenzen von damals sind überwunden. Dafür sind wir in der Erinnerung an die Einweihung von St. Andreas heute vor 45 Jahren dankbar. Aber die neuen Grenzziehungen machen uns Sorgen. Lassen Sie uns darum die Botschaft von der Liebe Gottes, die jedem Menschen gilt, und die seit dem 29. August 1965 in dieser Kirche gepredigt wird, auch weiter als christliche Gemeinde leben. Dann gilt uns die Verheißung aus dem ersten Johannesbrief: "Gott ist Liebe, und wer in der Liebe bleibt, der bleibt in Gott und Gott in ihm".
Amen

Zeitansage: Wir tragen unsere Wunden innen

2. Könige 5, (1-8) 9-15 (16-18) 19a

Liebe Gemeinde!

Ein Mann hat es geschafft. Er ist ganz oben. Er wird geachtet, respektiert, gefürchtet. Er hat Einfluss und er hat Macht. Seine Karriere ist beispiellos. "Ein trefflicher Mann", übersetzt Martin Luther, "und wert gehalten…, ein gewaltiger Mann" im Herrschaftsbereich des Königs der Aramäer. Er setzt sich durch und er glaubt an sich – so könnte man in der Beschreibung vom Feldhauptmann Naaman wohl fortfahren.

Aber da befällt ihn plötzlich diese Hautkrankheit, die alles Erreichte wieder in Frage stellt. Mit der Krankheit kommt die Angst, sein Glaube an die eigene Macht und die eigenen Kräfte könnte sich als Irrglaube erweisen; sein Glaube, das Leben sei für einen Mann wie ihn in allen Situationen machbar, könnte trügen; sein Glaube, gelingendes Leben hinge allein vom eigenen Willen und vom eigenen Können ab, könnte zerfallen wie seine Gesundheit. Dann würde er nichts mehr gelten und nichts mehr wert sein. Eine schreckliche Vorstellung!

Wir besiegen heute Krankheiten wie den Aussatz. Medizinischer Fortschritt kann Heilung oder zumindest Linderung von Erkrankungen der Haut bewirken. Aber eine Medizin gegen die Angst, plötzlich nicht mehr mithalten zu können im Konkurrenzkampf des Lebens, nicht mehr als vollwertig angesehen zu werden in einer auf Leistung bedachten Gesellschaft, Respekt und Einfluss zu verlieren - diese Medizin können wir nicht erfinden.

Darum sind wir so darauf bedacht, nach außen hin nur ja kein Anzeichen von Krankheit und Schwäche zu zeigen, möglichst lange Stärke und Selbstbewusstsein zu demonstrieren, den Anschein von Unersetzlichkeit aufrecht zu erhalten. Aber die schleichende Angst bleibt.

"Danke, mir geht's gut", ist ein Gedicht von Angelika Möller überschrieben, das diese schleichende Angst aufnimmt.

> "Wir tragen unsere Wunden innen.
> Angeschossen – wir alle.
> Mitten im Frieden, mitten im Herzen der Schmerz.
> Danke, mir geht's gut!
> Wir leben den Alltag mit offenen Wunden,
> Begegnen einander mit offenen Wunden.
> Lachen und lieben mit offenen Wunden…
> Danke, mir geht's gut!
> Wir tragen unsere Wunden innen aus Angst vor der Wahrheit. "

Niemand kann sein Leben allein auf dem Fundament eigener Kraft, eigenen Könnens und eigenen Willens aufbauen. Niemand kann lebenslang und ausschließlich sein Vertrauen auf Leistung, Anerkennung und Einfluss setzen. Es gibt Situationen im Leben jedes Menschen, in denen die Gesetze und Regeln, nach denen unser Leben und das Zusammenleben in der Gesellschaft sonst funktionieren, plötzlich nicht mehr greifen. Unsere Kompetenz und unser Können werden brüchig, unser Selbstbewusstsein trägt nicht mehr. Da sind wir allein und müssen umdenken, unser Leben neu begreifen und auch unser Angewiesensein auf andere Menschen neu verstehen. Diese Wahrheit kann verwunden, und diese Wunden tragen wir innen.

Der "treffliche Mann" in unserer Geschichte will es zunächst nicht wahr haben. Noch glaubt er, dass mit guten Beziehungen zu den Mächtigen und mit sehr viel

Geld nach wie vor alles machbar ist. Noch meint er, Elisa, den fremden Propheten kraft seines Reichtums und seines Einflusses für sich benutzen zu können. Aber der reagiert nicht so, wie er soll. Das Konzept des selbstsicheren Mannes, weiterhin aus eigener Kraft die Kontrolle über sein Leben zu behalten, scheitert noch vor der Haustür des Propheten. Naaman bleiben nur Wut und Aggression, Frustration und Verzweiflung. Die Wahrheit hat ihn eingeholt und enttäuscht.

Ja, so weit kann es kommen – bis zur Enttäuschung, dass die Lebens- und Gestaltungsmöglichkeiten zurückgehen, die Angst, vielleicht auch die Wut und die Verzweiflung wachsen. Was aber hilft dann noch?

Wenn wir der Erzählung aus alter Zeit von einem kranken Feldhauptmann und einem eigenwilligen Propheten des Alten Testaments folgen, dann beginnt sich die Situation zu wandeln, als der mächtige Naaman sich aus dem Panzer seiner Selbstsicherheit löst, auf andere Menschen hört und sich von ihnen helfen lässt.

Die kleinen Leute, die sonst nichts gelten, geben den Anstoß, bringen unsere Geschichte weiter und lassen Hilfe möglich werden. Das beginnt ja schon mit dem Rat der jungen hebräischen Sklavin im Haus Naamans daheim. Wir können uns ihr Schicksal vorstellen: ein entführtes Kriegsopfer mit allen Verwundungen und Traumatisierungen, die solch ein Schicksal mit sich bringen kann. Ihren Glauben aber hat sie sich bewahrt und damit eine andere Lebenseinstellung als die der selbstsicheren Macher, die frustriert und verzweifelt aufgeben, wenn sie am Ende sind.

Erst ist es diese junge Frau und später sind es Naamans Diener, die das verzweifelte Ende verhindern. Gegen alle Regeln, die bisher sein Leben und sein Verhältnis zu anderen Menschen bestimmten, lässt sich der gewaltige Mann auf ihren Rat und auf ein scheinbar sinnloses Experiment ein. Er steigt – wie vom

Propheten befohlen – in das Wasser des Jordans, dem man eigentlich keine Heilkraft zutrauen kann. Wider alles Erwarten, wider alle Regeln menschlicher Heilkunst, wider alle Gesetze, nach denen das Leben verläuft, wird er geheilt.

Aber diese wunderbare Heilung ist noch nicht das Ziel der uralten Erzählung. Am Ende erkennt der erst so selbstsichere und dann so verzweifelte Mann: Nun weiß ich, dass der Glaube an alle unsere Götter ein Irrglaube ist. Nun weiß ich, dass es keinen Gott gibt außer dem, den der Prophet bezeugt.

Dem Eintauchen in die Tiefe des fremden Flusses vergleichbar hat er bei seinem Abstieg von der Oberfläche seiner alltäglichen Geschäftigkeit eine neue Lebenseinstellung gefunden – durch das Vertrauen auf Gott, den er als seinen Schöpfer und Herrn erkennt. Er kann, wie der Prophet es ihm wünscht, „mit Frieden“ seinen weiteren Weg gehen.

Das also gibt diese Erzählung über Jahrtausende weiter: Leben ist mehr als heile Haut. Leben heißt, über dem Wissen um die eigenen Kräfte und Fähigkeiten, über der Kenntnis aller Regeln und Gesetze einer modernen Gesellschaft, über unserer alltäglichen Geschäftigkeit nicht den Glauben an Gott zu vergessen. Leben heißt, im Vertrauen auf diesen Gott, seine Zusagen und seine Gebote den eigenen Weg zu gehen, sich dabei auch von anderen helfen zu lassen und sich anderen zuzuwenden. Leben hat mit dem Frieden zu tun, den der Prophet des Alten Testaments dem davon ziehenden Naaman mitgegeben hat.

Wenn ein Mensch im Frieden mit sich selbst und mit anderen zu leben lernt, beginnen seine inneren Wunden zu heilen. Die bisher das Leben bestimmende und Angst machende Wahrheit wird brüchig, wie auch die Wertvorstellungen, die bisher allein gültig waren, ihre ausschließliche Geltung verlieren. Selbstvertrauen und Stärke, Leistung und Können, Verdienst und Anerkennung sind nicht mehr Götter, die Anbetung und Opfer fordern. Das Vertrauen auf Gott, unseren Schöpfer und Herrn, und die Wertschätzung, die wir von ihm erfahren, zählen mehr und versprechen Heilung der inneren Wunden. Seine Gebote helfen uns, Lebensentscheidungen und Verpflichtungen in einem neuen Licht zu sehen und öffnen uns die Augen für die Menschen neben uns. Dann wird uns der Wunsch des Propheten begleiten: "Zieh mit Frieden! "

Amen

Zeitansage: Das Leben hat einen Sinn. It's fun

Konfirmationsjubiläum

Psalm 121

Liebe Gemeinde, liebe Mitkonfirmandinnen und Mitkonfirmanden!
Der Fernsehsender RTL hat seinen Zuschauern versichert: Das Leben hat einen Sinn. So kann man es wenigstens in einer großformatigen Werbeanzeige lesen. Man sieht eine junge blonde Frau in einem schicken Sportcabriolet, die uns durch eine Designerbrille anlacht und voller Übermut die Zunge herausstreckt: "Das Leben hat einen Sinn", sagt sie, "it's fun".

Spaß haben, Lust empfinden, sich amüsieren, alles auf die leichte Schulter nehmen, nicht nachdenken, sich keine Sorgen machen! Viele junge Leute versuchen gegenwärtig durchaus, sich diese Lebensweisheit zu Eigen zu machen: Das Leben hat einen Sinn: It's fun.

Wir denken heute an uns als junge Leute zurück, an unsere Konfirmation. Mit welchen Gefühlen haben wir sie gefeiert? Was haben wir gedacht? Was haben wir uns gewünscht? Ja, damals lag das Leben noch vor uns, die Zukunft war offen und wir sahen viele gute Möglichkeiten, das Leben zu gestalten. Wir hatten viele Erwartungen an eine gute und lebenswerte Zukunft, wir hatten Hoffnungen und Pläne.

Dabei war uns aber auch bewusst: Es waren keine leichten Jahren, in die unsere Konfirmation fiel. Noch immer litten viele Familien unter den Nachwirkungen des schrecklichen Krieges. Manche Väter oder auch Brüder waren nicht zurückgekommen und fehlten im Familienleben, auch in der Arbeit für das tägliche Brot, im Bemühen um mehr persönliche Sicherheit und bessere Lebensmöglichkeiten. Wir alle mussten uns anstrengen, umsonst gab es Leben und Zukunft nicht.

Uns am Leben freuen – natürlich wollten wir das auch. Aber genau so wussten wir: das Leben ist mehr als Spaß haben, mehr als konsumieren und genießen. Eins hatten wir schließlich nicht zuletzt in der Schule und im Konfirmandenunterricht gelernt: Ein hemmungsloser Egoismus lebt immer auf Kosten anderer, fragt nicht nach denen, die neben uns und mit uns leben, fragt nicht nach Nächstenliebe und nach Gemeinschaft. Und gerade wir noch sehr jungen Menschen hofften doch auch auf ein besseres mitmenschliches Zusammenleben, als wir es in unserer Kindheit, die von Krieg und Zerstörung, von Gewaltverherrlichung und Hass geprägt war, erlebt hatten.

Wenn heute den jungen Menschen in einer ausschließlich auf den geldwerten Vorteil ausgerichteten Konsumwelt nahe gebracht wird: Leben heißt Spaß haben, genießen, konsumieren, dann können wir aus unserer Erfahrung heraus ihnen nur raten: Glaubt es nicht! Vertraut diesen Rattenfängern nicht! Sie führen euch nur in die Irre. Sie betrügen euch um vieles, was zum Menschsein gehört, was einen Menschen letztlich ausmacht.

Der Liedermacher und Sänger Herbert Grönemeyer – für die jüngere Generation nach wie vor doch auch so etwas wie ein Idol – bringt es viel zutreffender zum Ausdruck, wenn er singt:

> "Und der Mensch heißt Mensch,
> weil er erinnert, weil er kämpft
> und weil er hofft und liebt,
> weil er mitfühlt und vergibt".

Der Mensch heißt Mensch – nicht weil er sein Leben an rein egoistischen Lebenszielen ausrichtet, sondern weil er weiter sieht und weiter denkt. Das beginnt mit dem Erinnern. Ja, als von Gott geschaffene Menschen erinnern wir uns an das, was er uns für unser Leben mitgegeben hat: das Vertrauen, dass seine Liebe jedem Menschen ohne Unterschied gilt. Auch hat er uns die Möglichkeit mitgegeben, zwischen Gut und Böse zu unterscheiden, sich dabei an seinen Geboten zu orientieren.

Ein Wertebewusstsein hat er uns eingeprägt, die Empfindung für Werte wie Treue, Verlässlichkeit, Gemeinsinn. Das mag in unserer heutigen Gesellschaft manchmal in Vergessenheit geraten sein. Aber wir erinnern uns daran, und darum kämpfen wir für alles, was dem Leben dient, nicht nur dem eigenen, auch dem unserer Mitmenschen.

Der Mensch heißt Mensch, weil er hofft und weil er liebt. Auch wenn uns manchmal die Zukunft dunkel erscheint und die nächsten Wegabschnitte schwierig, wollen wir doch nicht aufhören zu hoffen und zu lieben, mit anderen mitzufühlen und auch für andere da zu sein, für unsere Familie, Kinder und Enkelkinder, für Menschen, die zu uns gehören und Menschen, die uns brauchen. Das schließt dann schließlich auch die Bereitschaft ein zu vergeben, wo andere uns etwas schuldig geblieben sind. Das alles gehört zum Menschsein dazu und damit auch zu unserem Leben. So haben wir es schließlich von unseren Eltern gelernt. Unsere Lehrer haben es durch ihr Vorbild wach halten wollen, und unser Konfirmandenunterricht sollte es bestätigen.

Wir haben versucht, uns daran zu halten und den Sinn des Lebens nicht nur daran zu messen, wie viel Spaß wir haben können. Gerade die Konfirmation hat uns den Blick für den eigentlichen Sinn des Lebens und für die Aufgaben geöffnet, die Gott uns auch mit unserem Leben mitgegeben hat.

Ich hoffe, viele von uns können jetzt, wenn sie sich erinnern, sagen: Ja, oft haben wir uns am Leben freuen können. Vieles ist geglückt. Viele gute Erfahrungen haben wir machen können. Viele Aufgaben haben wir bewältigt. Viele gute Erinnerungen können wir wach halten. Wir haben allen Grund zur Dankbarkeit.

Aber auch vieles, was wir uns vorgenommen hatten und was für uns zum Menschsein gehören sollte, haben wir nicht erreicht, ist nicht in Erfüllung gegangen. Einiges in unserem Leben ist bruchstückhaft geblieben. Manche von uns denken jetzt auch an leidvolle Erfahrungen, an Abschiede von geliebten Menschen, an Trennungen, an Tage der Krankheit und dunkle Stunden. Auch das gehört zum Leben und zum Menschsein.

Ich erinnere noch einmal an unsere Konfirmation und an das, was wir damals gewollt und auch versprochen haben: Für Gott wollten wir unser Leben offen halten, seine Gebote der Mitmenschlichkeit, der Nächstenliebe, der Suche nach Gerechtigkeit und einem friedlichen, menschenwürdigen Zusammenleben wollten wir im Blick behalten. Seiner Nähe wollten wir vertrauen und an der Hoffnung festhalten, dass er uns auf allen Wegen begleitet.

Heute danken wir ihm für alles Gute, das wir erfahren haben und geben in seine Hand alle Fragmente unseres Lebens, alles, was uns im Blick auf die Vergangenheit bedrückt. Und wir sehen gleichzeitig nach vorn.

Der Dichter und Beter des 121. Psalms sagt: "Ich hebe meine Augen auf zu den Bergen". Er fragt: "Woher kommt mir Hilfe? " Und er antwortet: "Meine Hilfe kommt von dem Herrn, der Himmel und Erde gemacht hat" .Seine Hoffnung richtet er auf den Schöpfer der Welt, der alles Leben gibt und erhält, der auch uns unser Leben gegeben hat. Angesichts des Guten, das er erfährt, aber auch angesichts bedrängender Lebenssituationen sucht er bei ihm Hilfe.

Die Hilfe kann er mit einem wunderbaren Bild umschreiben: "Er wird deinen Fuß nicht gleiten lassen, und der dich behütet, schläft nicht". Auch wenn du einen falschen Weg gegangen bist, auch wenn du deinen Weg in die Zukunft nicht erkennen kannst, müde und ängstlich geworden bist, Gott lässt dich nicht fallen, sagt der Psalmdichter. "Der Herr behütet dich".

Gehen müssen wir unseren Weg allerdings selbst. Die Entscheidungen, die wir jeden Tag neu zu treffen haben, werden uns nicht abgenommen. Da ist immer noch ein weiter Raum der Freiheit, den wir haben und auch beanspruchen können. Es gilt auch weiterhin, zwischen Gut und Böse zu unterscheiden, zwischen Recht und Unrecht, zwischen berechtigter Lebensfreude und einem Egoismus, der nur das Spaßhaben kennt und der unsere Mitmenschen schädigt. Es ist möglich, sich bei jedem Schritt an Gottes Geboten zu orientieren. Bei unserer Konfirmation haben wir diese Möglichkeit bejaht und heute können wir es noch einmal tun. Das wollen wir in die Zukunft mitnehmen.

"Er wird deinen Fuß nicht gleiten lassen, und der dich behütet, schläft nicht". Diese Zusage Gottes bleibt. Da ist sich der Psalmdichter ganz sicher. Was uns jeder neue Tag an Gutem und an Glück schenkt, können und dürfen wir genießen. Die Freude am Leben brauchen wir nicht aufzugeben. Erwartungen und Hoffnungen können lebendig bleiben. Und lebendig bleibt vor allem die Bitte: "Der Herr behüte dich vor allem Übel, er behüte deine Seele."
Amen

Zeitansage: Ein Zuhause braucht jeder Mensch

100 Jahre Stabkirche in Hahnenklee

Jesaja,40,1-8

Liebe Gemeinde!

Ein Zuhause braucht jeder Mensch. Jeder braucht einen Ort, an dem er nicht nur als Leistungsträger und Arbeitskraft gewertet oder vielleicht als Menschenmaterial gebraucht und verbraucht wird. Jeder braucht einen Ort, an dem er als Mensch anerkannt wird, an dem er sich sagen kann: Hier werde ich verstanden und brauche mich nicht ständig zu erklären; hier habe ich Lebensrecht und auch so etwas wie eine Heimat für mein Denken und Fühlen, für meinen Glauben.

Seit 100 Jahren will diese weit über den Oberharz hinaus bekannte und berühmte Stabkirche den Menschen in Hahnenklee und Bockswiese ein Zuhause bieten und Heimat sein. Im Laufe ihrer hundertjährigen Geschichte hat sie eine immer größere Anziehungskraft bewiesen und viele Tausende von Besuchern eingeladen, in der Atmosphäre dieses in Deutschland einzigartigen Kirchenraumes zu erahnen, wo sie ein Zuhause suchen müssen und eine Heimat finden können. Damit hat diese Kirche gerade heute eine besondere Bedeutung in einer Gesellschaft, die ihre tragende Mitte zu verlieren droht und in der ständigen Diskussion um den Wert von Traditionen und überkommenen, bislang fraglos anerkannten Lebensformen eine erschreckende Heimatlosigkeit erzeugt. Denn ein Zuhause und eine Heimat für die Seele braucht jeder Mensch.

Der Predigttext erinnert an das Exil des Volkes Israel in Babylon: Ein Leben in der Heimatlosigkeit, ausgegrenzt vom Leben und der Gemeinschaft der anderen, der fremden Bewohner und Besitzer des Landes. Schlimmer aber als die Vertreibung aus der Heimat und die gegenwärtige Not war der Gedanke, dass der Ort ihrer Anbetung, die Heimat ihres Glaubens, der Tempel in Jerusalem zerstört und aus ihrem Leben ausradiert worden war. So waren sie wirklich heimatlos geworden – ohne einen Ort der Zuflucht in Selbstzweifeln, in Sorge um die Anforderungen der Gegenwart und in Angst vor einer dunklen, bedrohlichen Zukunft.

Sehnsucht nach Heimat in innerer Heimatlosigkeit, Sehnsucht nach Geborgenheit in der Angst vor einer unsicheren Zukunft, Hunger nach Licht und Wärme in einer kälter werdenden Gesellschaft. So erleben viele heute ihr eigenes, ganz persönliches Exil. Sie erfahren ihre Niederlagen im täglichen Konkurrenzkampf als Versagen, ihre Enttäuschungen als Verlust von Lebensqualität und als Zweifel am Wert und am Sinn ihres Lebens. Sie werden müde und sehen keinen Ausweg mehr.

Es gibt jedoch einen Weg heraus aus der inneren Heimatlosigkeit, die durch Angst, Bitterkeit und Resignation so trostlos wird. Der Prophet des Alten Testaments hört es damals in der Fremde: Es gibt einen Weg zurück in die Heimat, weil Gott selbst es will. "Tröstet, tröstet mein Volk" und sagt ihm, es ist vorbei mit der Knechtschaft, unter der ihr bis heute so gelitten habt. Es ist vorbei mit dem Exil, das euren Geist deformiert und eure Seele verdunkelt hat. Ihr könnt einen neuen Anfang machen, und nun ist es an euch: Findet nach Hause, lasst euer Exil hinter euch! Und wo ihr diese innere Heimatlosigkeit selbst verschuldet habt, wo ihr zugelassen habt, dass die Heimat eures Glaubens euch fremd geworden ist, da ist das vergeben und ihr könnt es vergessen.

Es gibt auch einen Weg, auf dem ihr euch wieder zurechtfinden werdet – einen Weg mitten durch alle Abbrüche von Traditionen und Lebensgewohnheiten, über alle Berge von Angst und Hoffnungslosigkeit, die sich vor euch auftürmen, hinweg. Berge und Hügel sollen erniedrigt, und was uneben ist, soll gerade werden, hört der Prophet. Ihr sollt sehen, dass auf diesem Weg Gott selbst euch entgegen kommt.

Der Prophet sagt es weiter in Gottes Auftrag und im Vertrauen auf die Wahrheit und Gültigkeit der Botschaft, die er hört: "Das Wort unseres Gottes bleibt in Ewigkeit". Es klingt wie eine Botschaft aus ferner Zeit, aber es ist gleichzeitig ein Zuspruch, der jedem Menschen persönlich gilt.

Gott kommt, so versteht es der Prophet, und so gibt er es seinen Landsleuten damals und uns heute weiter: Gott kommt in unser Leben, das durch Müdigkeit und Mutlosigkeit wie eine Wüste geworden ist, wie eine öde Steppe, in der die Seele verdurstet. Aber er selbst will unsere innere Heimatlosigkeit in den versteppten Landschaften unseres Lebens und unseres Zusammenlebens beenden. Seine Nähe, seine Begleitung auf unserem Weg sollen Geborgenheit und Heimat geben, wie ein Zuhause sein, in dem wir aufatmen, Hoffnung schöpfen, mit neuem Mut leben können.

Damals hieß es: Es ist vorbei mit der Knechtschaft durch Angst und Resignation. Eigenes Versagen und eigene Schuld sind vergeben, brauchen euch nicht mehr zu bedrücken. Ihr seid frei von solchen Zwängen und ihr könnt euer Leben auf dem Fundament dieses Vertrauens bejahen und gestalten. Ihr seid Gottes Volk, eine Gemeinschaft von Menschen, zu denen Gott hält, die er niemals aufzugeben verspricht, die er mit seiner Liebe sucht und begleitet.

Jesus Christus hat diese Zusage Gottes, die der Prophet gehört und weitergesagt hat, über das damals angesprochene Volk Israel im Exil, über alle von Menschen gezogenen nationalen und rassischen Grenzen hinaus ausgeweitet auf die weltweite Gemeinschaft aller, die sich von diesem Gott, den Jesus "Vater" genannt hat, ansprechen und trösten lassen: Ihr seid mein Volk.

Diese Gemeinschaft wollen unsere Kirchen als Bauwerke, als Kunstdenkmäler, als Geschichtszeugnisse, als weithin sichtbare Anziehungspunkte in unseren Städten und Dörfern erfahrbar machen. Kirchen sind immer Wegweiser gewesen. Sie wollen es auch heute sein bei der Suche der Menschen nach einem Zuhause. Der Engel mit dem Schriftband im Chorraum dieser Kirche sagt es: "Dein Wort ist meines Fußes Leuchte und ein Licht auf meinem Wege". Darum hat bisher noch jede Generation, oft unter Entbehrungen und mit großem persönlichem Engagement, für eine Kirche in jeder christlichen Gemeinde gesorgt. So war es auch im Oberharz, wo die Zeiten keineswegs immer durch Reichtum und Überfluss gekennzeichnet waren. Vor 100 Jahren jedenfalls kannte man hier durchaus Armut und Elend. Bescheidenheit war nicht nur eine Tugend, sondern auch eine Notwendigkeit.

Und doch hielten die Menschen hier in Hahnenklee und Bockswiese den Bau einer eigenen Kirche für notwendig, weil die Gemeinde ein Zuhause brauchte – auch für die stetig wachsende Zahl der damals so genannten Sommergäste. Nur die Baukosten machten Sorgen. Und so konnten die ersten Pläne des Konsistorialbaumeisters der Hannoverschen Landeskirche nicht verwirklicht werden. Professor Mohrmann wollte eine neugotische Steinkirche errichten. Weil aber Holz im Oberharz das billigere und auch traditionelle Baumaterial war, setzte er schließlich eine ungewöhnliche und gewagte Idee in die Tat um.

Es entstand eine Stabkirche nach norwegischem Vorbild – heute ein Kleinod für den Oberharz, damals eine große Herausforderung an die gestalterischen und handwerklichen Fähigkeiten aller an diesem Bau Beteiligten.

Meine Großmutter hat ihren mit der Bauausführung beauftragten Vater, den Baumeister Carl Roscher aus Zellerfeld, oft auf die Baustelle begleitet – zu Fuß, wie das im Oberharz damals selbstverständlich war. Sie hat uns Großkindern davon erzählt: von dem langen Weg bei jedem Wetter, von anstrengender Handarbeit der Handwerker, von den Sorgen ihres Vaters, die genauen und hierzulande herausfordernden Vorgaben des berühmten Architekten möglicherweise nicht erfüllen zu können. Sie hat auch nie verschwiegen, dass unser Urgroßvater sich mit der Idee, das Vorbild im fernen Norwegen, die Stabkirche in Borgund, hier im heimatlichen Oberharz nachzubauen, etwas schwer getan hat. Aber als die Kirche dann errichtet war und alle Blicke auf sich zog, als man mit Staunen den kunstvoll ausgestalteten Innenraum erleben konnte und am 28. Juni 1908 die Einweihung der Kirche stattfand, da war auch er stolz. Einmal im Berufsleben verantwortlich am Bau einer Kirche, die den Menschen hier Heimat sein sollte, mitwirken zu können, das war für ihn ein Stück beruflicher Lebenserfüllung.

Diese persönliche Erinnerung macht deutlich: Eine Kirche ist niemals nur ein schönes Bauwerk, ein architektonisch und künstlerisch wertvoller Raum, der zur Betrachtung und zum Staunen einlädt. Ja, dies auch! Eine Kirche ist aber vor allem ein Wegweiser für die Menschen und ein gottesdienstlicher Raum für die Gemeinde – ein Raum, in dem zu Gott gebetet, in dem gesungen und Gottes Wort gepredigt wird, in dem Kinder getauft und konfirmiert, Ehepaare getraut werden, in dem Gemeinschaft durch die Feier des Abendmahls verwirklicht wird. So bietet jede Kirche den Menschen, die ein Zuhause brauchen, eine Heimat in der Gemeinschaft einer Gemeinde an.

Auch diese Stabkirche hat seit 100 Jahren dazu eingeladen – die Gemeindeglieder und die immer größer gewordene Menge von Besuchern. Sie hat eingeladen, hier in allen Enttäuschungen und allen Lebensniederlagen, in Heimatlosigkeit und Lebensmüdigkeit, in allen Ängsten vor einer dunklen Zukunft Zuflucht zu suchen. Das gilt auch angesichts besorgniserregender Veränderungen im wirtschaftlichen Leben des Harzes und besonders auch des Kurorts Hahnenklee-

Bockswiese. Diese Kirche bleibt ein Anziehungspunkt für viele und ein Zeichen der Hoffnung für alle, die hier leben und arbeiten.

Wie gut, dass es durch das finanzielle Engagement der Kirchengemeinde, des Kirchenkreises, der Landeskirche und der Klosterkammer möglich war, vor wenigen Jahren diese Kirche von Grund auf zu renovieren. Mit viel Sachverstand und handwerklichem Geschick ist es gelungen, das Alte zu erhalten und neue Techniken zu integrieren. Die Kirche erstrahlt nach 100 Jahren wieder in dem Glanz, der die Gemeinde damals mit Staunen, Freude und Stolz erfüllt hat. So kann und will die Hahnenkleer Stabkirche heute wie damals dazu einladen, Geborgenheit und eine Heimat für den Glauben wiederzufinden, zurückzukehren in den Lebensraum, den uns Gottes Wort eröffnet. "Sein Wort ist unseres Fußes Leuchte und ein Licht auf unserem Wege."

Ich wünsche dieser Gemeinde, dass diese einzigartige Kirche in allen Veränderungen, die wir erleben, bleiben kann, was sie seit 100 Jahren ist: Ein Ort, wo wir erfahren, was der Prophet damals gehört und was Menschen seit Jahrtausenden geglaubt haben: Das Wort unseres Gottes bleibt in Ewigkeit.
Amen

Zeitanfrage: Wo haben wir Heimat?

50 Jahre Kehrwiederkirche zu Steinbrück

Jesaja 40, 1-8

Der kleine Ort Steinbrück liegt zwischen Hildesheim und Braunschweig an der Bundesstraße1.

Der alte Festungsturm der Burg Steinbrück ist vor 50 Jahren zu einer Rundkirche umgestaltet worden. Evangelische Flüchtlinge aus den früheren deutschen Ostgebieten und evangelische Landwirte, die im Raum Salzgitter beim Aufbau der damals so genannten „Göringwerke“ enteignet worden waren und nach dem Krieg mit neuem Landbesitz entschädigt wurden, wollten in dem ursprünglich rein katholischen Ort ihre eigene Kirche haben. Aus diesem Wunsch entstand der Plan, den Zwinger der Burg zur heutigen Kehrwiederkirche umzubauen.

Der Name "Kehrwieder" findet sich in einer Inschrift von 1573, die noch heute in der alten Mauer zu lesen ist:
"Der Kehr Wider bin ich genannt
Herzogk Julius, Herzoge Tho Braunswik Und
Luneborg bin ich bekannt
Seine Fürstlichen Gnaden haben
mich lassen bauwen
Wer mich angreifet
Konnte Em Ghereuwen
Denn ich bleibe in Allem Stantfastich wie nen
Steinern Moer".

Liebe Gemeinde!

"Kehrwieder" – eine Einladung zur Rückkehr dahin, wo ich zu Hause bin, wo ich Heimatrecht habe. Ein schöner Name für eine Kirche, die ihr 50jähriges Jubiläum feiert. "Kehrwieder", komm zurück! Du kannst wieder nach Hause kommen.

Ein Zuhause braucht jeder Mensch. Jeder braucht einen Ort, an dem er als Mensch anerkannt wird. Jeder will einmal sagen können: Hier bin ich gewollt, hier werde ich verstanden und brauche mich nicht ständig zu rechtfertigen. Hierher kann ich jederzeit zurückkehren. Hier habe ich Lebensrecht und auch so etwas wie eine innere Heimat.

Der Dichter Carl Zuckmayer schreibt nach seiner Flucht aus dem nationalsozialistischen Deutschland ins amerikanische Exil von seiner Sehnsucht nach Heimkehr und seiner Ahnung von der Zerstörung dessen, was ihm Heimat war, im Herbst 1939:

> "Ich weiß, ich werde alles wiedersehen,
> Und es wird alles ganz verwandelt sein.
> Ich werde durch erloschne Städte gehen,
> Darin kein Stein mehr auf dem andern Stein –
> Und selbst wo noch die alten Steine stehen,
> Sind es nicht mehr die alt vertrauten Gassen –
> Ich weiß, ich werde alles wiedersehen
> Und nichts mehr finden, was ich einst verlassen".

Kehr wieder – das hätten er und mit ihm seine unzähligen Leidensgenossen damals gern gehört. Aber viele, die im Exil leben mussten, sind auch im Exil gestorben. Sie haben erfahren, was der aus der DDR seinerzeit ausgebürgerte Schriftsteller Günter Kunert voller Bitterkeit und Resignation niedergeschrieben hat: "Heimat ist erst der Tod".

Der Predigttext erinnert an das Exil des Volkes Israel in Babylon. Ein Leben in der Fremde, fern der alten Heimat, fern auch der Heimat ihres Glaubens im Tempel von Jerusalem - ohne die Geborgenheit, die eine geistige und geistliche Heimat in der Sorge um das tägliche Leben und in der Angst vor der Zukunft bietet.

Kehr wieder, lass dein Exil, deine innere Heimatlosigkeit mit Angst, Bitterkeit und Resignation hinter dir! Es gibt eine Rückkehr, weil Gott selbst sie will. Der Prophet sollte es damals in Gottes Auftrag weitersagen.

Wir haben da unsere Zweifel, und die kannte auch der Prophet: Alle Anstrengung ist doch sinnlos, denn – mit seinen Worten – alle Menschen sind wie Gras, ihre Macht, ihre Kraft, ihre Stärke sind wie eine Blume auf dem Feld. Das Gras verdorrt und die Blume verwelkt. Wie kann es da Aufbruch in ein neues Leben geben, Heimkehr zum Glauben an den Wert und den Sinn unseres Lebens und Rückkehr zu einer Lebensqualität, wie wir sie seit Kindertagen oft erträumt haben?

Den Zweifeln des Propheten antwortet eine andere Stimme und setzt aller Skepsis ein "aber" entgegen: "Aber das Wort unseres Gottes bleibt in Ewigkeit". Da wird dann auch gleich ein neuer Ton angeschlagen: "Tröstet, tröstet mein Volk" und sagt ihm, es ist vorbei mit der Knechtschaft, unter der ihr bis heute so gelitten habt. Es ist vorbei mit dem Exil, das euren Geist deformiert und eure Seele verdunkelt hat. Kommt nach Hause, lasst euer Exil hinter euch! Wo ihr es selbst verschuldet habt, ist das vergeben und ihr könnt es vergessen.

"Ich weiß, ich werde alles wiedersehen und nichts mehr finden, was ich einst verlassen." So hat es Carl Zuckmayer für seine Heimkehr geahnt und gefürchtet. Nein, diese Aufforderung, die der Prophet hört und weitergeben soll, klingt ganz anders, viel tröstlicher und hoffnungsvoller: Kommt zurück, und es gibt auch einen Weg, auf dem ihr euch zurechtfinden werdet – einen Weg mitten durch alle Verwüstungen eures Lebens und alle Abbrüche von Traditionen und Lebensgewohnheiten, über alle Berge von Angst und Hoffnungslosigkeit hinweg. Berge und Hügel sollen erniedrigt und was uneben ist, soll gerade werden, hört der Prophet. Ihr sollt sehen, dass auf diesem Weg Gott selbst euch entgegen kommt.

Der Einladung: "Kehr wieder", der Aufforderung: komm nach Hause, fügt Gott ein Versprechen hinzu: Ich kehre auch wieder zurück – in eure Wüste, in die versteppten Landschaften eures Lebens. Der Weg wird für euch geebnet, alle Hindernisse werden beiseite geräumt. Wir werden uns auf diesem Weg begegnen. Ich lasse euch nicht allein. Diese Geborgenheit mag euch Heimat sein, in der ihr unter meinem Schutze leben könnt.

Daran hat diese Kehrwiederkirche seit ihrer Einweihung vor 50 Jahren mit jedem Gottesdienst schon durch ihren Namen erinnert: "Kehrwieder". So hieß schon der alte Festungsturm, der „Zwinger“, dessen Mauern nun diese Kirche umschließen. 1573 hat Herzog Julius, einer der Mächtigen im damaligen Deutschland, das Bollwerk so genannt, um die Rückkehr der Burg in seinen Machtbereich zu beschwören und zu demonstrieren. Die Inschrift in der alten Mauer kündet davon und erinnert an eine lange Geschichte von wechselseitigen Machtansprüchen und von Gewalt.

Vor 50 Jahren hat eine neue Geschichte begonnen, und der alte Name hat einen neuen Sinn bekommen. Die Kehrwiederkirche will jetzt Heimat sein und dazu einladen, hier in allen Enttäuschungen und allen Lebensniederlagen, in allen Ängsten vor einer dunklen Zukunft Zuflucht zu suchen. Sie will dazu einladen, hier Geborgenheit zu finden im Vertrauen auf Gottes Zusagen, die der Prophet damals weitergegeben hat: Es ist vorbei mit der Knechtschaft durch Angst und Resignation. Eigenes Versagen und eigene Schuld sind vergeben, brauchen euch nicht mehr zu bedrücken. Ihr seid frei von solchen Zwängen und ihr könnt euer Leben auf dem Fundament dieses Vertrauens bejahen und gestalten.

Aus dem inneren Exil wieder heimkehren zu dürfen, neuen Lebensraum gewinnen zu können, ist auch eine Befreiung aus persönlicher Einsamkeit und eine Einladung in eine Gemeinschaft. Solche Gemeinschaft ist immer ein Stück Heimat. Mit anderen die Sorgen und Anforderungen des Alltags teilen zu können, macht das Leben leichter. Mit anderen gemeinsam die Aufgaben, die in unserer Gesellschaft auf unser Engagement und unseren Einsatz warten, angehen zu können, macht Mut und gibt Hoffnung.

Der Trost, den der Prophet damals weitergeben sollte, galt der Gemeinschaft des Volkes, von dem Gott sagt: Es ist mein Volk. Seit wir im Advent von der Ankunft Christi reden, der in Gottes Namen gekommen ist, gilt die Zusage, "Ihr seid mein Volk" der weltweiten Gemeinschaft aller, die sich von diesem Gott ansprechen und trösten lassen. Sie gilt auch der Gemeinschaft dieser Gemeinde, die in der Kehrwiederkirche zu Steinbrück heute wie seit 50 Jahren zusammen kommt. Es ist vorbei mit der Knechtschaft, das Exil ist beendet. Freiheit und neues Leben im Vertrauen auf Gottes Zusage sind möglich. Sein Versprechen nimmt er nicht zurück. Das wird auch in Zukunft gelten.

Bei allen Veränderungen in unserer Kirche und in unseren Gemeinden bleibt die Gemeinschaft im Gottesdienst und in der Feier des Abendmahls. Es bleibt die Einladung zur Taufe auf den Namen des dreieinigen Gottes. Und darum wird jede Kirche auch weiterhin die Einladung aussprechen, die aus dem Namen dieser Kirche herausklingt: "Kehr wieder"! Verlass dein dir zugefügtes oder auch selbst verschuldetes Exil, kehr zurück in den Lebensraum, den dir Gottes Wort öffnet. Darauf kannst du dich auch in Zukunft verlassen: "Das Wort unseres Gottes bleibt in Ewigkeit".
Amen

Zeitansage: Woran du dein Herz hängst, das ist dein Gott

Jeremia 9, 22 – 23

Liebe Gemeinde!

"Ich bin ein gläubiger Mensch. Ich glaube inbrünstig an mich selbst. " Ja, das ist schon ein arrogantes Glaubensbekenntnis. Da rühmt sich ein Mensch seiner Klugheit, seiner Macht und seines Reichtums. An ihn könnte der Prophet Jeremia gedacht haben, als er vor über zweieinhalb Jahrtausenden die Warnung vor Eigenlob und selbstbewusster Sicherheit im Auftrag Gottes weitergab.

Aber dieses Glaubensbekenntnis wird in unserer Zeit und in unserer Gesellschaft laut: In Dieter Wedels Fernsehfilm "Gier" macht die Hauptfigur, ein in Politik, Wirtschaft und Gesellschaft angesehener Erfolgsmensch aus seinem Glauben und aus seiner Lebenseinstellung keinen Hehl: "Ich bin ein gläubiger Mensch. Ich glaube inbrünstig an mich selbst." Da rühmt sich ein Mensch, der gelernt hat, Geld gewinnbringend anzulegen, Immobilien günstig zu kaufen und rechtzeitig mit Gewinn wieder zu verkaufen, der geschickt alle Mittel der Werbung einsetzt und seine Mitmenschen ebenso geschickt auf seine Seite zieht. Ja, er glaubt inbrünstig nur an sich selbst, an seine Klugheit, an seine Erfolge, an seine Art, Geld zu scheffeln.

In dem Film bewundern ihn viele. Sie sagen sogar von ihm: Er ist ein wenig wie der "liebe Gott". Sein Wille geschieht – jedenfalls auf Erden, hier in unserem gesellschaftlichen Geflecht von Leistung, Machtstreben und Erfolgsgier.

Da sollte man doch nicht abseits stehen. Da möchte man dabei sein, wenn es um Erfolg, Macht und Geld geht. Für unser gesellschaftliches Zusammenleben jedenfalls spielen solche Überlegungen zumindest als Wünsche und Träume eine große Rolle.

Ein wenig wie der "liebe Gott" sein; leben und leben lassen nach unserem Willen; auf unsere Klugheit, unsere Stärken und unsere Erfolge vertrauen können; den eigenen Wohlstand nutzen und genießen und, wo immer es möglich ist, auch mehren – das ist schon so etwas wie eine Religion, der Menschen verfallen können. Der Prophet Jeremia kennt diese Religion aus eigener Erfahrung. Er kennt auch ihre Konsequenzen und er sieht die Opfer.

Sie reden alle von ihrem Gott und gehen in den Tempel, um ihn zu ehren. Aber außerhalb des Heiligtums herrscht Gewalt gegen die Schwachen. Da wird das Recht in Unrecht verkehrt, wird der fromme Glaube zur Lüge. Da wird die Wahrheit, wenn es den eigenen Zwecken dient, manipuliert und korrumpiert. Davor warnt Jeremia: Gott will, dass es anders wird, dass ihr anders werdet. Darum sagt er: Bessert euer Leben. Tut Recht, einer gegen den anderen. Bedrückt Fremdlinge, Witwen und Waisen nicht. Ihr seht doch, dass sie aus eigener Kraft nicht mithalten können. Sie brauchen Hilfe. Wenn ihr weiter in einer menschenwürdigen Gemeinschaft zusammenleben wollt, müsst ihr schon alles, auf das ihr so stolz seid, auch teilen. Wenn ihr nun euer Leben und euer Tun ändert, dann will ich auch bei euch wohnen. (Jeremia 7,3-7)

In diesem Zusammenhang mahnt der Prophet im Auftrag Gottes, sich nicht der eigenen Klugheit, der eigenen Stärke und des eigenen Reichtums zu rühmen und sie zu Göttern zu machen, die bedenkenlos angebetet werden. Vielmehr soll Gott wieder in den Blick kommen, der Barmherzigkeit, Recht und Gerechtigkeit will. Sein Wille geschehe – eben nicht nur im Himmel, sondern ganz gewiss auch auf unserer Erde, in unserem Zusammenleben, durch unser Tun und unser Verhalten.

Die Menschen damals wollten diesen Propheten nicht hören. Sie waren taub für seine Warnungen und Mahnungen. Schließlich waren sie stolz auf das, was sie erreicht hatten. Sie hatten ja auch keine Zeit zum Nachdenken. Es musste schließlich weitergehen. Erfolg, Besitz und Wohlstand mussten gehalten, wenn möglich gemehrt und ausgebaut werden. Koste es, was es wolle!

Ja, und dann waren die Kosten doch zu hoch, die Opfer und die Verlierer zu viele. Jeremia sah die Katastrophe kommen, ein Ende mit Schrecken. Für den Propheten war die Zerstörung Jerusalems durch feindliche Heere eine Strafe Gottes für Unrecht, Willkür und Unbarmherzigkeit. Die Menschen, die als Gefangene nach Babylon abtransportiert wurden, mussten es büßen.

Auf eine solche Katastrophe brauchen wir im Gegensatz zu Jeremia gar nicht zu warten. Dass es so weiter geht, ist schon eine Katastrophe. Das Unheil droht nicht erst am Horizont, es hat uns längst eingeholt, und immer mehr Menschen müssen das leidvoll erfahren.

Aber was sollen wir denn tun, um aus dem Bannkreis des Unheils auszubrechen und wieder auf einem guten Weg menschenwürdigen Zusammenlebens Tritt zu fassen? Sollen wir alles, was wir an Wissen und Macht, an persönlichen Erfolgen und Besitzständen erreicht haben, wieder aufgeben? Ist das alles vom Teufel? Nein, ganz gewiss nicht! Auch Jeremia hat damals Weisheit, Stärke und Reichtum nicht einfach verteufelt. In dem Gotteswort, das er weitergibt und das die Jahrtausende mit ihren Veränderungen, auch mit allem Unheil und allen Schrecken überdauert hat, werden nicht die Gaben, die ein Mensch mitbekommen hat, wird auch nicht das, was er sich erworben hat, verdammt, sondern der Missbrauch auf Kosten anderer.

Diesen Missbrauch kennen wir. Vielleicht machen wir mit. Vielleicht leiden wir auch unter der Blindheit, mit der technisches Wissen um des Fortschritts willen vorangetrieben wird, leiden unter der Arroganz politischer und wirtschaftlicher Macht, unter einer Ökonomisierung aller Lebensbereiche.

Wir sehen, was aus dem Gemeinschaftsgefühl in unserer Gesellschaft wird, wenn die immer heftigeren Verteilungskämpfe uns immer mehr auseinander reißen und wenn Reichtum nicht mehr geteilt wird. Da bleibt von einem gesunden Stolz auf ein funktionierendes und solidarisches Gemeinwesen nicht mehr viel übrig. Wir beklagen diesen Verlust.

Eine Gemeinschaft bleibt aber nur dann lebendig oder gewinnt neues Leben, wenn alle wieder gemeinschaftsfähig werden. Darauf zielt die Aufforderung, die Jeremia im Auftrag Gottes weitergibt und die heute wie damals ihre Aktualität und Gültigkeit behält: "Wer sich rühmen will, der rühme sich dessen, dass er klug sei und mich kenne, dass er wisse, dass ich es bin, der der Herr ist, der Barmherzigkeit, Recht und Gerechtigkeit schafft auf der Erde. Denn das ist es, was mir gefällt. " Richtet euer Leben danach aus, dann will ich bei euch wohnen, sagt Gott, und dann ist eine menschenwürdige Gemeinschaft möglich.

Ein Glaube, der Richtschnur für das eigene Leben und Handeln sein will, muss sich an Gottes Willen orientieren. Der aber ist eindeutig auf Barmherzigkeit, Recht und Gerechtigkeit ausgerichtet.

Das ist doch auch eine gute und wohltuende Erfahrung: die Gnadenlosigkeit einer allein auf Leistung und Tüchtigkeit aufbauenden Gesellschaft wird – Gott sei Dank – immer wieder durchbrochen durch die Barmherzigkeit, die Menschen einander erweisen. Wie oft erleben wir es selbst und ebenso oft wenden wir uns ja auch nicht einfach ab, wenn Hilfe nötig ist. Wir wollen doch die Achtung vor dem Recht hoch halten und für Gerechtigkeit eintreten. Wir wissen schließlich: das Recht ist ein hohes Gut für jede Gemeinschaft. Es zu achten ist wichtiger als immer dem Trieb nachzugeben, unter allen Umständen Recht zu haben und Recht zu behalten.

Barmherzigkeit, Recht und Gerechtigkeit sind zuerst Gottes Gaben, die wir erfahren können – das ist eine Hoffnung in unserem Zusammenleben. Da ahnen wir Gottes Herrschaft unter uns. Aber die braucht unsere Mithilfe. Barmherzigkeit, Recht, Gerechtigkeit sind nicht nur von Gott gesetzte Ziele, sondern Aufgaben und Herausforderungen, die uns alle angehen – Aufgaben in unserem täglichen Leben, Herausforderungen an unsere Lebenseinstellung, unsere Tatkraft.

Jesus selbst hat die Botschaft des Propheten Jeremia aufgenommen und mit seinen Worten wiedergegeben: "Seid barmherzig, wie auch euer himmlischer Vater barmherzig ist", hat er gesagt (Lukas 6,36). In seinem Geist unser Leben an Gottes Willen auszurichten, kann die Gemeinschaft, nach der wir uns alle sehnen, voranbringen. Gott hat es ja damals versprochen und dieses Versprechen überdauert die Zeiten bis heute: Wenn ihr euer Leben und euer Tun ändert, dann will ich auch bei euch wohnen.
Amen.

Zeitansage: Angst essen Seele auf

Matthäus 14, 22-33

Liebe Gemeinde!

"Angst essen Seele auf". Das ist ein Filmtitel, und es ist auch eine bittere Erfahrung: Angst führt in dunkle Abgründe, in denen die Seele versinken kann.

"Ich habe Angst, alles geht schief". Das sagt eine Schülerin in einer kleinen Theaterszene, die beim Neujahrsempfang unserer Stadt aufgeführt wurde. Immer wieder sagt es das junge Mädchen: "Ich habe Angst, alles geht schief."

Angst kann einen Menschen lähmen. Er verliert die Kontrolle über das, was er tut und über das, was er will. Angst kann handlungsunfähig machen, und dann gelingt nichts mehr. Alles geht schief. Alles ist vergeblich. Nichts macht Sinn. Nichts macht Freude. Da ist nur Angst.

"Angststörungen gehören zu den häufigsten psychischen Erkrankungen. Jeder fünfte Bundesbürger ist irgendwann in seinem Leben betroffen", sagt der Leiter der sogenannten Angstambulanz an der psychiatrischen Klinik der Berliner Charite. "Am schlimmsten ist die ständige Angst vor der Angst", sagt eine seiner Patientinnen. Am schlimmsten ist die Angst vor plötzlichen Panikattacken, vor Angstzuständen, die die Seele angreifen, uns ohnmächtig machen, jeden Lebenssinn aushöhlen. Die Angst vor der Angst kann Leben vergiften, Handeln für uns selbst und für andere unmöglich machen, nichts Gutes mehr gelingen lassen.

Angstfrei müsste man leben können, dann wäre alles gut. Wirklich alles? Ängste vor ganz realen Gefahren können doch auch helfen. Sie sind sogar überlebenswichtig, sagt der Arzt aus der Angstambulanz in der Charité. Wir müssen uns in

Acht nehmen. Wir müssen alltäglichen Gefahren mit Vorsicht, List, Vernunft und allen technischen Mitteln begegnen.

Bei Sturm verlässt man eben nicht den schützenden Hafen oder man sucht ihn, wenn man schon weiter vom Land entfernt ist, so schnell wie möglich wieder zu erreichen. Vor einem schnell fahrenden Auto überquert man nicht die Straße, man wartet es ab, lässt es vorbei. Das kann man auf viele Angst machenden Erfahrungen in unserem alltäglichen Leben, auch in unserem gesellschaftlichen Zusammenleben anwenden. Jeder hat da seine eigenen Erfahrungen und weiß, wie man Gefahren erkennen und bannen kann. Da ist die Angst vor der Gefahr so etwas wie ein Motor, das Richtige zu tun, um sich zu schützen.

Auf den ersten Blick könnte das auch auf den Bericht des Matthäus über eine Bootsfahrt der Jünger auf dem See Genezareth zutreffen. Die Jünger sind allein. Jesus ist in einer selbst gewählten und manchmal ja auch notwendigen Einsamkeit zurückgeblieben. Er wollte auch einmal Zeit haben für sich, seine Gedanken, für seine Gottesbeziehung. "Er stieg allein auf einen Berg, um zu beten. Und am Abend war er dort allein", schreibt Matthäus.

Seine Jünger hat er gedrängt, schon einmal ohne ihn über den See zu fahren, noch vor der nahenden Dunkelheit. Das Boot war schon weit vom Land entfernt, erzählt Matthäus weiter, da wird die Überfahrt gefährlich. Der Wind bläst von vorn und wird zum Sturm. Das Boot kommt kaum noch voran. Es gerät in Not. Was nun?

Angst als Motor, die Gefahr zu bestehen? Sie sollen zusehen, dass sie Land gewinnen, sagen wir in ähnlichen Alltagssituationen. Nur Mut, Einsatz aller Kräfte, die wir mobilisieren können! Dann wird es schon werden. Nein, das wird es nicht.

Und nun weist diese Erzählung des Matthäus über alltägliche Angsterfahrungen, über die elektrisierende, anspornende, überlebenswichtige Angst weit hinaus. Da kommen andere Ängste, Urängste in den Blick - Ängste, die Menschen in Abgründe drängen und versinken lassen; Ängste, in denen die Seele verdorren kann. Angst essen Seele auf – so hat es Matthäus wohl gemeint.

Aus dem Gefühl, sich nur mühsam vorwärts bewegen zu können, wird für die Jünger die Angst, niemals ans Ziel zu kommen. Aus der Angst vor einem Sturm, dem man durch geschicktes und energisches Handeln entkommen kann, wird die Angst unterzugehen – eine Angst, die ohnmächtig macht. Ist Rettung überhaupt noch möglich? Gibt es noch Hilfe? Matthäus versucht eine über diesen Augenblick hinaus gültige Antwort durch die Erinnerung an mythische Bilder und Urerfahrungen zu geben.

"In der vierten Nachtwache kam Jesus zu ihnen und ging auf dem See." Matthäus sagt das so einfach. Aber er meint es nicht so einfach. Er will kein Mirakel, kein Naturwunder erzählen, so glaube ich. Er greift zurück auf Bilder von Gott, auf Urerfahrungen, die wir Menschen eben nur mit Bildern umschreiben können: "Der Ewige schreitet über die Wogen des Meeres". So steht es von Gott bei Hiob geschrieben. Matthäus greift auf dieses uralte Bild zurück, um in Worte zu kleiden, was die Begegnung mit Jesus auslöst – für die Jünger, für uns: In Jesus ist eine Kraft, die ihn trägt, eine Kraft des Vertrauens auf Gott, die zum festen Grund des Lebens werden kann.

Es ist nicht leicht, auf diese Hilfe zuzugehen. Manchmal wird erst einmal die Angst noch größer, werden die eigene Ohnmacht und Hilflosigkeit noch ausweglöser und wir sehen Gespenster selbst da, wo Hilfe möglich wäre.

Matthäus erzählt es so: Als die Hilfe doch schon nahe war, erschraken die Jünger und riefen "Es ist ein Gespenst" und schrien vor Angst. "Panikattacke", würde der Professor von der Angstambulanz sagen und er würde sich um Hilfe für die Betroffenen bemühen.

Matthäus beschreibt die Hilfe mit Worten, die jeder versteht und vielleicht auch für sich selbst annehmen kann. "Aber sogleich redete Jesus mit ihnen und sprach: Seid getrost, ich bin's". Keine vorschnelle Ermutigung: Nun habt doch nicht so viel Angst, reißt euch doch ein wenig zusammen, strengt euch doch ein bisschen mehr an, dann werdet ihr auch wieder Land gewinnen. Jesus sagt: "Seid getrost", und das bedeutet doch: Habt Vertrauen. Ihr könnt dem vertrauen, den Gottes Kraft trägt. Dann steht ihr auch wieder auf festem Grund, der euch beim Sturm entglitten war.

Vertrauen gegen Angst, Vertrauen, dass Gott noch da ist, wo wir uns, von Angst gepeinigt, schon aufgeben wollen, dass seine Hand uns nicht fallen lässt, auch wenn wir zu versinken drohen. Vertrauen als Lebenshilfe.

Das wäre doch ein guter Schluss der Erzählung von der Angst der Jünger auf dem stürmischen See und von der rettenden Begegnung mit Jesus. Markus, der älteste Evangelist hat auch hier seine Geschichte beendet – ein guter Schluss für Menschen, die Angst haben.

Aber für den Evangelisten Matthäus, der das Markusevangelium zum großen Teil übernommen hat, ist diese Geschichte noch nicht zu Ende. Er gibt der älteren Erzählung des Markus einen neuen, eigenen Schluss. Er fügt die Episode vom sinkenden Petrus, wie wir sie nennen, eigenmächtig hinzu. Warum nur?

Matthäus will an der Gestalt des Petrus und dem, was er erleben und erfahren muss, zeigen, dass der Glaube kein Allheilmittel ist und ein für alle Mal unverwundbar macht. Petrus hat das wohl falsch verstanden und darum wollte er sich und den anderen beweisen, wozu er selbst in gläubigem Vertrauen fähig ist: Gottes Kraft zu demonstrieren, wie Jesus es getan hat.

Er verlässt das Boot und geht Jesus auf dem Wasser entgegen. Wunderbar! Aber nach wenigen Schritten sinkt er ein. Die Erkenntnis, dass er allein es doch nicht schafft, trifft ihn wie ein Schlag, der ihn nieder zieht. Angst und Schrecken werden noch größer. Das ganze Selbstvertrauen, das er mit seinem Glauben gewinnen wollte, löst sich in Nichts auf. Es gibt kein angstfreies Leben.

Auch der Glaube bewahrt nicht gleichsam automatisch vor neuen Schrecken und wiederkehrender Angst. Vertrauen als Lebenshilfe lässt sich nicht als festen Besitz vereinnahmen, lässt sich schon gar nicht demonstrieren, wie Petrus es gewollt hat. Solch ein Glaube kann sehr schnell zu Überheblichkeit führen. Der feste Grund, auf dem man sich wähnt, gibt nach und die Angst kommt wieder hoch, droht über uns zusammenzuschlagen.

Aber Gott sei Dank ist Petrus nicht am Ende. Die Angst behält nicht das letzte Wort. Jesus ist ja in der Nähe geblieben und damit auch die Hoffnung auf Hilfe. Dem sinkenden Petrus streckt Jesus seine Hand entgegen, um ihn aufzufangen. Wie wir von Matthäus wissen, nicht nur dieses eine Mal auf dem See Genezareth – nein immer wieder. Also doch ein guter Schluss!

Er kann auch heute ein bleibendes Vertrauen schaffen – nicht als festen Besitz, auf den man jederzeit gedankenlos, kritiklos, selbstgefällig zurückgreifen kann, vielmehr als Lebenshilfe, wenn es notwendig wird.

In Ängsten, aber siehe, wir leben, hat später Paulus erfahren. Und er hat hinzugefügt: Nichts kann uns scheiden von der Liebe Gottes, die sich in diesem Jesus zeigt. Und darum können wir den Liedvers aus unserm Gesangbuch nachempfinden: Fürchte dich nicht, getragen von seinem Wort, von dem du lebst – immer wieder neu. Fürchte dich nicht.
Amen

Zeitanfrage: Ist der Sonntag noch zu retten?

Markus 2, 23-28 und 1. Petrus 5, 5

Liebe Gemeinde!

Mehr haben, mehr erreichen, mehr konsumieren können – das scheint ein Leitbild für gelingendes Leben in unserer Gesellschaft zu sein. Aber da sagt uns doch unsere Lebenserfahrung: Je mehr wir haben, desto mehr wachsen auch unsere Wünsche. Wird der eine erfüllt, melden sich schon andere. Neue Erwartungen und Hoffnungen wachsen uns geradezu entgegen. Sie wecken einen Lebenshunger, der offenbar nicht zu stillen ist und uns rastlos weitertreibt. Der Wunsch nach immer mehr wird zum Lebensinhalt. Und die Angst, noch nicht genug zu haben und noch mehr erreichen zu müssen, redet uns ein, das eigentliche Leben liege noch vor uns. Das ist wie ein Sog .Wer sich in diesen Sog hineinziehen lässt, verliert sein Herz an eine atemlose Lebensgier.

Einmal innehalten, einmal sich besinnen auf das, was wirklich wichtig ist in unserem Leben, was uns ausfüllen und auch glücklich machen kann – das wäre schon notwendig, lebensnotwendig. Nachdenken über den Sinn des Lebens, über eine Lebenseinstellung, die aus dem Strudel des Getriebenwerdens befreit und gelassen macht – das war und ist für Juden und Christen zu allen Zeiten mit dem Nachdenken über unser Verhältnis zu Gott verbunden. Daraus sind in der Geschichte des Judentums der Sabbat und in der Geschichte des Christentums der Sonntag als Ruhetag entstanden.

"Sabbat", hat die jüdische Lyrikerin Rose Ausländer eines ihrer Gedichte überschrieben.

"Wann ist Sabbat, frage ich.
Immer im Himmel.
Aber hier, Rabbi, hier, wann?
Schalom murmelt er
und noch ein paar hebräische Worte
Ich verstehe sie nicht."

Rose Ausländers Frage, wann der Augenblick zum Nachdenken über das Leben und über Gott gekommen sei, kann doch nur so beantwortet werden: Nicht erst, wenn alles entschieden ist, nein jetzt, hier, wenn das Angebot eines Ruhetages zum Nachdenken einlädt.

Aber man muss dieses Angebot auch verstehen können, um es schätzen zu lernen. Rituale allein, wie für uns Christen das Läuten der Glocken zu bestimmten Zeiten, Gesetze allein, die das Einhalten des Sabbats oder Sonntags überwachen sollen, helfen noch nicht. Sie sind in einer Gesellschaft, deren Ränder immer mehr zerfasern, zwar notwendig. Noch wichtiger aber ist, dass sie als eine Hilfe zum " Zur Ruhe kommen" auch verstanden werden.

Ein paar Worte, sagt Rose Ausländer – ein paar Worte wie Schalom oder "der Herr sei mit euch", Worte, die unsere gottesdienstlichen Rituale begleiten, erreichen uns nur dann, wenn wir sie auch verstehen als eine Hilfe zum Nachdenken und zur Besinnung.

Nur immer neue Gesetze, die strikt einzuhalten sind, nur immer neue Rituale, die für Außenstehende fremd bleiben, verstärken eher offene oder auch heimliche Abwehrhaltungen. Und dann werden unsere Kirchen leerer, weil viele Menschen den Gottesdienst nicht mehr als eine Hilfe zur Besinnung verstehen.

In jeder Religionsgemeinschaft, der Christen sowohl wie der Juden und der Muslime, gibt es religiöse Führer, die darauf keine Rücksicht nehmen wollen. Wichtiger als das Verstehen ist für sie die Einhaltung der Gesetze, die sie als gottgegeben ansehen und darum auch durchsetzen wollen.

So geht es für die Pharisäer in ihren Vorwürfen gegen die Jünger und gegen Jesus um das göttliche Gesetz der Sabbatheiligung. Für sie gilt dieses Gesetz unter allen Umständen und wird zu einem entscheidenden Kriterium für die Zugehörigkeit zur Religionsgemeinschaft. Zu leben und zu handeln, wie das Gesetz es befiehlt, ist wichtiger als die dahinterliegende Glaubensüberzeugung zu verstehen. Kritische Fragen und Zweifel sind nicht erlaubt.

Das Gesetz der Sabbatheiligung hat zur Zeit Jesu schon eine Eigendynamik entwickelt und zu immer neuen Gesetzen und vor allem Verboten geführt. Sie engen inzwischen das Leben derartig ein, dass nicht einmal mehr das Abbrechen einiger Ähren zum sofortigen Verbrauch und gegen den akuten Hunger erlaubt ist.

Das war nicht immer so, sagt Jesus. David hat mit seinen Leuten auf der Flucht vor Saul sogar von den heiligen Broten gegessen, die man – so heißt es im 1. Samuelbuch - vor dem Herrn nur dann hinweg nimmt, wenn man neues frisches Brot hinlegt. Aber Davids Leute haben kein frisches Brot, nur Hunger. Und da, so heißt es weiter, macht der Priester, der über die Brote zu wachen hat, eben eine Ausnahme. Gesetze sollen Leben ermöglichen, aber nicht einengen.

Jesus zeigt da einen Missbrauch auf, der uns heute doch keineswegs unbekannt ist. Immer neue Gesetze, vor allem aber immer neue Verbote schränken unser Leben und unsere Freiheit ein. Der Schutzraum, den sie eigentlich für jeden

Menschen garantieren sollen, wird immer nachhaltiger eingezäunt und gleichzeitig immer enger.

Gottes Gebote, das will Jesus in Erinnerung rufen, haben alle eine Schutzfunktion. Leben soll geschützt werden – das eigene und das der anderen. Auch das Gebot, den Feiertag zu heiligen, soll Lebensmöglichkeiten schaffen, nicht verhindern. Das hält Jesus den Verfechtern starrer Gesetze und immer neuer Verbote entgegen. Der lebensnotwendige Ruhetag soll dem Leben dienen. Er ist um des Menschen will und zu seinem Wohl gemacht, nicht der Mensch um des Sabbats oder Sonntags willen.

Ja, der Sonntag ist für uns Menschen da. Und es wäre gut, wenn wir das auch verstehen würden. Rose Ausländer hört da wohl das Wort „Schalom", das Frieden und Heil bedeutet. Aber auch solche Worte können unverständlich bleiben wie Rituale, die wir gern akzeptieren, die uns aber nicht mehr wirklich berühren.

Rose Ausländer will verstehen, was der Feiertag für ihr Leben bedeutet und welche Hilfe sie für ihren Alltag davon erwarten kann. Wenn wir verstehen wollen, dass der Sonntag für uns, unseren inneren Frieden, eine heile Ausgeglichenheit und Gelassenheit da ist, dürfen wir uns nicht allein mit gesetzlichen Vorgaben und Gott sei Dank noch immer allgemein akzeptierten Ritualen begnügen.

Es kommt wohl darauf an, dass unser Blick geschärft wird für das, was gut ist und dem Leben dient, was auch der Seele Nahrung gibt, was auch dem Leben anderer zugute kommt. Dazu aber muss sich der Blick auf den richten, der alles Leben gibt und der will, dass unser Leben gelingt. Das meint Jesus, wenn er sagt: Klammert euch nicht mit euren Gedanken nur an die Befolgung der Sabbatgebote und –verbote. Achtet auf das, was ich, der Menschensohn, sage und tue im Auftrag Gottes. Gott selbst muss in den Blick kommen und das, was er will.

Der 1. Petrusbrief nimmt das auf: Gott widersteht den Hochmütigen, aber den Demütigen gibt er Gnade.

Die Hochmütigen sehen nur sich selbst und die eigenen selbstgesetzten egoistischen Lebensziele. Sie glauben, es nicht nötig zu haben, einmal innezuhalten und sich auf das zu besinnen, was wirklich wichtig ist im Leben. Sie glauben ja zu wissen, dass nur das Vertrauen auf die eigenen Kräfte und nur der Wille, sich mit seinen Zielen durchzusetzen, Gültigkeit hat. Aber eins vergessen sie dabei: Gott will, dass mit seinen Geboten unsere Mitmenschen und die Gemeinschaft, in der wir leben, in den Blick kommen. Gott will, dass alles, was uns reich und glücklich macht, auch ein Ansporn ist, für andere da zu sein und mitzuhelfen, ihren Hunger nach einem lebenswerten Leben, nach mitmenschlicher Nähe und Beistand zu stillen. Darum widersteht er den Hochmütigen und das erfahren sie dann, wenn ihre Lebensart und ihre Lebenswünsche sie in einen Strudel von atemloser Lebensgier reißen. Darin kann sich ein Mensch verlieren, und deshalb ist es nötig, rechtzeitig zur Besinnung zu kommen.

Gott widersteht den Hochmütigen, aber den Demütigen gibt er Gnade. Mit der Aufforderung zur Demut tun sich die Hochmütigen schwer. Wer nur an sich selbst glauben und den eigenen Kräften und Fähigkeiten vertrauen will, sieht in solch einer Aufforderung eine unzumutbare Zustimmung zu einer selbst gewählten Abhängigkeit, denn Demut schließt immer eine Art von Abhängigkeit ein. Aber wenn es um die Beziehung zu Gott, den Schöpfer des Lebens, geht, ist es doch nicht ehrenrührig, unsere Abhängigkeit von ihm anzuerkennen.

In dieser Abhängigkeit Gottes Liebe, seine Nähe und Begleitung zu erfahren und sie als Nächstenliebe, Fürsorge und Zuwendung weiterzugeben, macht Mut und schafft Hoffnung. Da gelingt Leben – nicht nur das eigene. Da wird auch das Leben geschützt und gefördert, das nach den Maßstäben einer Leistungsgesellschaft keine Lebensqualität verdient und im Grund ausgemustert werden könnte. Da kann wieder Gemeinschaft wachsen, wo so vieles auseinanderstrebt und Interessen gegeneinander zur Geltung gebracht werden wollen.

Durch immer strengere Gesetze und durch Beschwörungen mit gesetzlichem Unterton ist das nicht zu erzwingen. Das hat Jesus den Pharisäern in deren Streit mit seinen Jüngern um die Heiligung des Sabbats sagen wollen. Er hat vielmehr um Verständnis für den Sinn eines Ruhetages geworben. Wer das versteht, der kann auch nachvollziehen, was Gottes Angebot eines Ruhetages meint: die Möglichkeit, aus der Flut des Getriebenwerdens durch unsere Wünsche und durch aggressive Konsumangebote aufzutauchen; nachzudenken und verstehen zu lernen, wie Leben gelingen kann – das eigene und auch das von Menschen, die uns brauchen; die Einsicht und der Wille, mitzuhelfen, Leben zu schützen und Gemeinschaft zu fördern.

Darum feiern wir Gottesdienst, kommen zur Ruhe und zur Besinnung auf Gottes Wort, das Hoffnung macht, Vertrauen zu Gottes Nähe schaffen und Hilfe zum Leben geben will. Damit Leben gelingt, muss der Sonntag bleiben, was er war und Gott sei Dank immer noch ist. Nutze ihn, so etwa hat es Martin Luther einmal ausgedrückt, dann nutzt du auch dein Leben in dieser unsteten Zeit, die dir gegeben ist.
Amen

Zeitansage: Der Markt bestimmt unser Leben

Markus 12, 28- 34

Du hast mir das Lachen gezeigt,
mich vom Stillstand befreit.
Du hast mir Geborgenheit gegeben,
hast mir gezeigt, wie es ist zu leben.
Du hast in mir Zuversicht geweckt,
hast meine verborgenen Talente entdeckt.
Und dafür liebe ich Dich.

Eine wunderbare Liebeserklärung, liebe Gemeinde! Wer möchte da nicht das Du sein, von dem ein Mensch sagen kann: Du hast mir das Lachen gezeigt, hast mir geholfen, mich weiter zu entwickeln, hast mir Geborgenheit gegeben, hast mir gezeigt, wie es ist zu leben.

Ich habe dieses Liebesgedicht in einer Werbebroschüre gelesen. Auf der Titelseite stand als Motto zu lesen: "Aus Liebe zum Automobil". Das Auto, Hilfe zur Mobilität, Fortbewegungsmittel, wird zum persönlichen Gegenüber, zum Du, das meine verborgenen Talente weckt und das mir hilft zu leben. "Aus Liebe zum Leben" – so stand es in der Broschüre. Die Liebe zum Menschen, die Liebe zum Leben ist unauflöslich verbunden mit der Liebe zum Automobil. "Wir möchten Ihnen einen Vorgeschmack darauf geben", schrieben die Werbetexter im Auftrag eines Automobilkonzerns, "dass fortschrittliche Technologie auch in Zukunft Mobilität, Freiheit und Lust am Leben bieten wird. Freuen Sie sich auf die Zukunft und darauf, was die Liebe zum Automobil noch bringen wird. Wer eines unserer Modelle fährt", heißt es am Schluss, "der spürt unsere Liebe zu den Menschen und zum Leben."

So ist das also: Die Liebe zu den Menschen und zum Leben geht über die Ware, über das Geld, über den Konsum. Das Du, dem ein Mensch seine Liebe erklärt, wird zum hochwertigen Verbrauchsgut. Ja, das ist schon eine neue Religion, und sie hat auch einen Gott: den freien, uneingeschränkten, grenzenlosen Markt.

Der Markt bestimmt unser Leben: Es geht um Angebot und Nachfrage, um Konkurrenzkampf und Durchsetzungsvermögen. Leben heißt: fragen, was wir leisten müssen und was wir uns leisten können; was sich rechnet und worauf wir Anspruch haben.

Natürlich hat auch diese Religion ihre Gebote: Der Gott des Marktes fordert deren Durchsetzung – unerbittlich. Eine Wirtschaftszeitung warb kürzlich durch eine auffallende Anzeige in den großen überregionalen Tageszeitungen. Da konnte man dann lesen: "Nichts ist spannender als Wirtschaft. Woche für Woche". Als Bildmotiv hatten die Werbemacher ein mittelalterliches Schlachtengetümmel gewählt, formatfüllend und blutig rot koloriert. Im Vordergrund sah man zwei Ritter, die gepanzert und mit Lanzen bewehrt aufeinander losgehen: Der Kampf um den Markt! Die Bildunterschrift lautete: "Du sollst begehren deines Nächsten Marktanteil!"

Man wird an die 10 Gebote erinnert, die uns mahnen: Du sollst nicht begehren. Im Predigttext wird Jesus gefragt: Welches ist das höchste Gebot von allen? Er antwortet mit dem Hinweis auf die höchste Autorität für unser Leben und Handeln: "Der Herr, unser Gott, ist der Herr allein". Wer diese Autorität anerkennt, der wird auch als höchstes Gebot anerkennen: "Du sollst den Herrn, deinen Gott, lieben von ganzem Herzen, von ganzer Seele, mit allen deinen Kräften und deinen Nächsten wie dich selbst".

Darum geht es also im Leben: um die höchste Autorität und um das höchste Gebot. In der neuen Religion, in der die Liebe zu den Menschen und zum Leben über die Ware, das Geld und den Konsum geht, wird der Markt zur höchsten Autorität. Folgerichtig muss das höchste Gebot dann auch lauten: Du sollst begehren, was deinem Nächsten gehört oder was ihm von Rechts wegen zusteht. Von Rechts wegen? Überholtes, veraltetes Recht, wenn es um die kompromisslose Durchsetzung der eigenen Interessen und der eigenen Wünsche geht! Du sollst begehren! Dahinter muss alles andere zurückstehen.

Der Markt wird zum Gott, und dieser Gott fordert Opfer – auch Menschenopfer. Wir erleben es Tag für Tag: Menschen, die im Konkurrenzkampf nicht mehr mithalten, die geforderten Leistungen nicht erbringen können; Menschen, die ausgemustert werden. In der Sprache der Religion des Marktes heißt das dann: jemand wird freigestellt.

Der Herr, unser Gott, sagt Jesus, ist der Herr allein, der uns das Leben gegeben hat, der jedem Leben – auch dem ausgemusterten, kranken oder behinderten Leben seinen Wert und seine Würde gibt. Er will keine Menschenopfer und darum lautet sein höchstes Gebot: "Du sollst deinen Nächsten lieben wie dich selbst. "

Natürlich gilt das für die Menschen, die wir lieben. Da ist aber auch der Mensch gemeint, der uns in einer konkreten Notsituation braucht, der auf unsere Hilfe und unsere Fürsorge angewiesen ist, dem wir damit zu einem lebenswerten Leben verhelfen können. Freude am Leben und Hoffnung für die Zukunft – ohne Nächstenliebe werden sie verkümmern.

Wenn Jesus diesem höchsten Gebot die Worte hinzufügt: "wie dich selbst", dann wird aber auch deutlich: Nächstenliebe fordert keine Aufopferung über die

Grenzen der eigenen Kräfte hinaus, sondern Einsicht in das, was notwendig ist, um Leben zu ermöglichen, zu schützen und zu fördern – das eigene Leben und das der anderen, die unsere Liebe, aber auch Schutz und Hilfe brauchen.

Nächstenliebe kommt von Herzen, aber sie braucht auch einen klaren Kopf, der zwischen den Autoritäten, die uns mit ihren Geboten beanspruchen wollen, unterscheiden kann. Jesus sagt: Die höchste Autorität ist der Herr, unser Gott allein. Er hat alles Leben geschaffen und er hat jeden Menschen zu seinem Ebenbild bestimmt. Ohne diese Einsicht ist Nächstenliebe nicht denkbar.

Wir alle stehen vor den Herausforderungen einer neuen Religion und sind in der Gefahr, uns den Geboten eines neuen Gottes, des übermächtigen, grenzenlosen Marktes zu unterwerfen. Wir können nicht zusehen, wie dieser Religion immer mehr Menschenopfer gebracht werden.

Jesus sagt: "Du sollst den Herrn, deinen Gott lieben von ganzem Herzen, von ganzer Seele, mit allen deinen Kräften und deinen Nächsten wie dich selbst". Darauf wird es ankommen, wenn wir auf eine menschenwürdige Zukunft für uns alle und auch für unsere Kinder und Enkelkinder hoffen. Dann, sagt Jesus, seid ihr nicht fern vom Reich Gottes, von seiner Herrschaft, die alles Leben trägt und der ihr euch anvertrauen könnt. Dann ist es nicht mehr ein Wunschtraum oder ein doch letztlich verlogener Werbeslogan. Dann wird es zu einer Realität, die euch einschließt: Die Liebe zum Leben und zu den Menschen.
Amen

Zeitanfrage: Glauben wagen – lohnt sich das?

Lukas 5,1-11

Liebe Gemeinde!

"Die ganze Nacht gearbeitet und nichts gefangen" – da kann man als Fischer am See Genezareth schon resignieren. Wir hören die Resignation heraus und denken gleichzeitig: Das kennen wir doch. Das ist uns nicht fremd: Sich abmühen ohne Erfolg, sich engagieren ohne Anerkennung, Lebenskraft und Lebenszeit investieren ohne Sinn. Wer hat das nicht schon erlebt? Viele werden von solchen Erfahrungen niedergedrückt.

Eine depressive, müde Grundstimmung droht sich in unserer Gesellschaft breit zu machen. Die Ahnung wächst, dass die Forderungen nach Effektivität und Produktivität einen hohen Preis haben und leicht zu Lasten der Lebensqualität gehen können. Das alte Lied der Klage verstummt nicht. Aber die Sehnsucht nach ein bisschen Glück lässt sich auch nicht ausrotten. Die Hoffnung auf Lebenserfüllung lässt sich nicht verschütten.

Wer daran festhalten will, muss sich allerdings auf eine Zumutung einlassen, die aller Erfahrung widerspricht. "Fahre hinaus, wo es tief ist" – ja, für einen erfahrenen Fischer wie Simon, der später Petrus heißen soll, ist es eine fast unerträgliche Zumutung. Wo es tief ist, gibt es keinen Fisch zu fangen. Das weiß man am See Genezareth. Man hält sich an die bewährte Regel: Dunkel sollte es sein, und man sollte in Ufernähe bleiben. Das ist jedenfalls eine wichtige Voraussetzung für die ohnehin nicht üppigen Erfolge, für Lebensunterhalt und Überleben.

Kann das gut gehen, wenn wir die Lebenserfahrungen, die den Erfolg garantieren sollen, vergessen? Können wir es uns leisten, die ungeschriebenen Gesetze unserer Welt zu missachten? Darum geht es doch heute: Mit scharfem Verstand planen und dann zielorientiert handeln, ohne sentimentale Erinnerungen zu kultivieren! Den Markt als absolute Autorität anerkennen und den anderen immer um eine Nasenlänge voraus sein, ohne sich von Gefühlen beeinflussen zu lassen! Den Fortschritt von Wissenschaft und Technik vorantreiben, ohne sich zu sehr in Skrupeln zu verlieren! Diese Gesetze versprechen Erfolg, und darum gilt es, aus Niederlagen wieder aufzustehen, Frustration und Depression tapfer zu überwinden, gegen das Gefühl der Leere und des Ausgebranntseins anzukämpfen. Dann wird sich das Leben schon irgendwann und irgendwie lohnen.

Können wir es uns leisten, diese täglichen Forderungen einmal zu überhören und auf die unmögliche Zumutung einzugehen, Lebenserfüllung jenseits der angeblich unumstößlichen Gesetzmäßigkeiten einer Leistungsgesellschaft zu suchen?

Garantien werden nicht gegeben – so wie auch Simon damals nur die Aufforderung hört: "Fahre hinaus, wo es tief ist!" Trotzdem hat er es als Ermutigung verstanden, im alten Leben einen neuen Anfang zu wagen: "Auf dein Wort hin!"

Da geht es nicht mehr um das Vertrauen auf die eigenen Lebenserfahrungen, die eigenen Berechnungen und Planungen, die eigenen Kräfte und Fähigkeiten. Da soll auch nicht die Hoffnung weiterhelfen, dass neue Techniken das Leben freundlicher und lebenswerter machen können.

Auf dein Wort hin wage ich es, sagt Simon. Und damit kommt eine ganz neue Kraft ins Spiel: Das Wort dessen, der von Gott her denkt, Gottes Willen zum Maßstab des Handelns macht und Gottes Liebe den Menschen nahe bringen will. Davon hat Jesus vom Fischerboot aus zu der Menge am Ufer geredet, und die kleine Gruppe der Fischer um Petrus hat es auf sich bezogen. In seinen Worten haben diese Menschen Gottes Nähe gespürt. Darum wagt Petrus, auf die Zumutung mit der Bereitschaft zu neuem Einsatz zu reagieren.

Das Wagnis gelingt. Die bei jeder Ausfahrt gegenwärtige Hoffnung, dass der Einsatz nicht vergeblich ist und dass Leben sich doch lohnt, wird Wirklichkeit.

Was im Lukasevangelium von diesem wunderbaren Erlebnis der Fischer berichtet wird, hat seinen tieferen Sinn bis heute nicht verloren: Gegen alle bösen Erfahrungen von vergeblicher Mühe, von Niederlagen und Erfolglosigkeit gibt es erfülltes und sinnvolles Leben. Allerdings wird uns eine andere als die gewohnte Blickrichtung zugemutet und eine neue Art von Denken abgefordert: Die Gesetzmäßigkeiten von Leistung und Erfolg, von Berechnung und Planung, nach denen wir unser Leben auszurichten gelernt haben, verlieren ihre überragende Bedeutung.

Gelingendes Leben hängt nicht in erster Linie von den Erfolgen ab, mit denen die Tüchtigen und Beharrlichen rechnen. Gelingendes Leben ist nicht logisches Ergebnis rationaler Planung und menschlichen Wagemuts. Ausschlaggebend ist schließlich, dass Gott in den Blick kommt, so wie Jesus von ihm geredet hat. Er misst den Wert eines Lebens nicht nach unseren gewohnten Kriterien. Er sieht das Herz an, heißt es schon im Alten Testament. Er wendet sich gerade den Verlierern, den Müden und Ausgebrannten zu. "Unwertes Leben" gibt es in seinen Augen nicht.

Sich für Gottes Wertschätzung des Lebens offen halten, das ist eine neue und vielleicht ganz ungewohnte Lebenseinstellung. Da erfährt ein Mensch: Ich bin Gott unendlich viel wert. Ich brauche mich nicht vor anderen zu verstecken. Ich muss nicht ständig auf meine Misserfolge starren. Ich brauche mich nicht aufzugeben, weil Gott mich nicht aufgegeben hat. Ich kann jeden Tag einen neuen Anfang wagen – aber in einem neuen Geist.

Darauf läuft die alte Geschichte vom neuen Anfang des Simon Petrus zu: "Von nun an wirst du Menschen fangen" – nicht wie der Rattenfänger von Hameln und wie alle die modernen Rattenfänger mit ihren Glücksversprechungen, die uns nur für ihre Interessen vereinnahmen und benutzen, die uns am liebsten wie zappelnde Fische in ihrem Netz sehen wollen.

Jesus meint einen anderen Auftrag, der gleichzeitig eine neue Herausforderung ist: Menschen gewinnen durch unbedingte Nächstenliebe; Menschen gewinnen für eine neue Werteordnung, die auf Gottes Wertschätzung jeden Lebens beruht. Eine neue Erfahrung, die auch neue Kräfte freisetzt: Zur Lebenserfüllung, zum Menschein gehört doch auch, für andere dazusein, für andere einzutreten, mit anderen zu teilen, was wir haben, was andere brauchen mit in unsere Zukunftsplanungen und Vorstellungen, in unsere Sehnsucht nach Glück einzubeziehen.

"Von nun an wirst du Menschen fangen." – Wer im Geist Jesu zu denken lernt, wird dieses "Fangen" als "Auffangen" verstehen und dabei an die denken, die von den alten Erfahrungen der Vergeblichkeit des Lebens niedergedrückt werden und abzustürzen drohen.

Hier öffnet sich der Horizont unserer Geschichte vom wunderbaren Fischfang. Auftrag und Verheißung der Kirche Jesu Christi kommen in den Blick. Jede Gemeinde spürt die Herausforderung, Menschen in ihrer Mitte aber auch an ihren Rändern aufzufangen. Menschsein, Lebenserfüllung ist schließlich nicht ohne Gemeinschaft denkbar – die Gemeinschaft aller, die Gottes Wertschätzung des Lebens in ihre Sehnsucht nach Lebenserfüllung und Glück einbeziehen und damit neu zu leben lernen.

Wir brauchen diese Gemeinschaft, die bereit ist, Gottes Werteordnung in das Leben unserer Gesellschaft einzubringen. Eine gute Perspektive für unsere Kirche und für jede Gemeinde. Auf Berechnung und Planung, Marketing und zielgerichtete Personalführung, Finanzpläne und Strukturdiskussionen kommt es weniger an. Wichtig ist letztlich das Vertrauen auf eine Anziehungskraft, die uns selbst mit Leben erfüllt und andere mit Leben ansteckt, mit Glaube, Hoffnung und Liebe. Das ist eine Verheißung und das bleibt eine Herausforderung.

Amen

Zeitansage: Lebenslanges Lernen – Lebenslange Prüfungen

Lukas 22, 31-34

Liebe Gemeinde!

Die Spreu vom Weizen trennen – von Zeit zu Zeit ist das notwendig. Jeder weiß es. Es gibt Situationen, in denen klar sein muss, mit welchen Freunden wir rechnen können und auf welche Zusagen wir uns in Notfällen verlassen dürfen. Es gibt Prüfungen, die wir bestehen müssen. Wenn wir dabei "durchfallen", müssen wir die bitteren Konsequenzen tragen. Das alte Bild vom Getreidesieb, das so lange geschüttelt wird, bis die Spreu ausgesiebt ist und der Weizen zurückbleibt, ist nach wie vor aussagekräftig. Sieben und ausgesiebt werden – es gehört zu unserem Leben. Darauf kann auch keine Gemeinschaft von Menschen, keine Gesellschaft verzichten.

Aber das wird ja immer schlimmer. Lebenslanges Lernen, wie es heute von jedem von uns verlangt wird, erfordert auch lebenslange Prüfungen mit der ständigen Angst, durchs Sieb zu fallen und vielleicht einmal endgültig ausgesiebt zu werden. In einer immer mehr von Konkurrenzkämpfen durchgeschüttelten Gesellschaft wird auch immer mehr gesichtet und gesiebt. Leistung, Durchsetzungsvermögen, Härte gegen sich selbst und andere, Erfolge oder Niederlagen – das sind die Kriterien, nach denen ein Leben beurteilt und dann eben die Spreu vom Weizen getrennt wird. Das ist nun einmal die Ordnung, nach der unsere Welt funktioniert. Die Starken und Anpassungsfähigen setzen sich durch; die nicht mithalten können, bleiben auf der Strecke. Versager haben keine Chance. Und das werden immer mehr, die durchs Sieb fallen, die gnadenlos und endgültig ausgesiebt werden. Dann kräht kein Hahn mehr nach ihnen.

Das muss doch mit dem Teufel zugehen! Wir sagen das so. Der Evangelist Lukas behauptet es auch. Jedenfalls kann man das Wort Jesu an Petrus und die übrigen Jünger so verstehen: "Siehe, der Satan hat begehrt, euch zu sieben wie den Weizen". Wenn die Macht des Bösen im Spiel ist, haben wir dann überhaupt noch eine Chance?

Der Schriftsteller Harry Mulisch beschreibt in seinem großartigen Roman "Die Entdeckung des Himmels" eine Situation, in der es keine Hoffnung mehr für uns gibt, weil Gott uns und die Welt zum Teufel gehen lässt. Mit Gott können wir nicht mehr rechnen. Er hat genug von den Menschen. Seinen ewigen Bund mit ihnen kündigt er auf und wendet sich von ihnen ab.

"Ich kann es nicht glauben", sagt darauf hin ein Engel im Himmel. "Du wirst schon lernen, es zu glauben", entgegnet ein anderer. "Du wirst schon sehen: Die Hölle wird auf der Erde losbrechen. Ach, es ist hoffnungslos. Vergiss es!"

Ja, so denken wir wohl auch manchmal: Es ist hoffnungslos, vergiss es! Wir entschuldigen uns selbst dabei mit dem Hinweis auf anonyme, böse Mächte; auf Faktoren in der allgemeinen Entwicklung, die wir doch nicht beeinflussen können; auf die Eigendynamik einer Ordnung von Sieben und Gesiebt werden. Das geht wirklich mit dem Teufel zu.

An diesen Teufel glaube ich nicht. Er ist doch nur ein Alibi für unseren Egoismus, unsere Anpassung an die Ordnung, die wir beklagen, aber doch selbst weiter in Gang halten. Die Macht des Bösen - wir selbst sind es, die diese Macht in Gang setzen und in unserem Denken und Tun in Bewegung halten. Die Hölle, die der Engel in Harry Mulischs Roman auf der Erde losbrechen sieht, bereiten wir selbst uns und anderen. Die Hölle bereitet sich eine Gesellschaft selbst, in der immer mehr Menschen nicht mehr mithalten können, durchs Sieb fallen, für wertlos erklärt werden. Ach, es ist hoffnungslos, vergiss es!

Die bloße Beteuerung, wir ließen uns von dieser Hölle nicht vereinnahmen, bei uns hätte die Macht des Bösen keine Chance, hilft da noch nicht. Selbst Petrus muss diese Erfahrung machen. Und er meint es gewiss ehrlich, wenn er verspricht, für Jesus und damit doch für Gottes Herrschaft in unserer Welt einzutreten: "Herr, ich bin bereit, mit dir ins Gefängnis und in den Tod zu gehen."

Aber als er nach dem gemeinsamen letzten Abendmahl und nach der Gefangennahme Jesu in Gethsemane in der Morgendämmerung den ersten Hahn krähen hört, hat er schon dreimal behauptet, diesen Jesus nicht zu kennen. Ausgerechnet Petrus, dessen Name ein Gütezeichen sein soll! "Der Fels" heißt er, und felsenfest wollte er zu seiner Überzeugung stehen. Auch er ein Versager! Auch er durchs Sieb gefallen – unsere geheime Sehnsucht nach Vorbildern wertlos! Wer kann dann überhaupt noch hoffen? "Ach es ist hoffnungslos, vergiss es", sagt der Engel in der "Entdeckung des Himmels". Ja, auf den Himmel müssen wir dann wohl verzichten und uns stattdessen mit der Hölle auf Erden abfinden.

Nein, das müssen wir nicht. Die Geschichte vom Versagen des Petrus ist eigentlich eine Hoffnungsgeschichte. Das macht Jesus selbst schon in der Ankündigung dieses Versagens deutlich: Auch wenn Petrus durch das Sieb seiner eigenen Selbsteinschätzung fällt – Jesus verspricht, den Versager nicht fallen zu lassen, für ihn auch künftig da zu sein, seinen verratenen, ins Wanken geratenen Lebensüberzeugungen wieder einen festen Grund zu geben. "Ich habe für dich gebeten, dass dein Glaube nicht aufhöre."

Wenn Jesus diesen Petrus nicht aufgibt, ihn sogar eines weitreichenden Auftrags würdigt, dann darf niemand mehr sagen: Ach, es ist hoffnungslos, vergiss es! Kein Versagen rechtfertigt ein endgültiges Negativurteil über einen Menschen. Auch ein Verrat an der eigenen Lebensüberzeugung, an den eigenen Idealen und Werten trägt niemals den Stempel der Endgültigkeit. Wenn Jesus den Petrus nicht abschreibt, hat niemand mehr ein vermeintliches Recht, andere abzuschreiben – auch nicht das Recht, am Wert des eigenen fragmentarischen Lebensentwurfs zu zweifeln. Da ist immer noch Hoffnung. Da ist die Möglichkeit der Selbstbesinnung, und da gibt es noch einmal die Chance des Neuanfangs.

Die Geschichte vom Verrat des Petrus und von der neuen Chance, die er bekommt, verrückt angeblich unveränderliche Maßstäbe. Sie zeigt, dass unser Leben vor einer letzten Instanz nach anderen Kriterien beurteilt wird als in der Ordnung von Sieben und Gesiebt werden. Wer an seine Grenzen kommt, bekommt auch eine neue Chance, sich gerade da zu bewähren.

Wir brauchen uns nicht mehr mit demonstrativ zur Schau getragenen Erwartungen an die eigene Standfestigkeit, die eigenen Kräfte und Fähigkeiten oder mit der uneingestandenen Angst vor kommenden Niederlagen selbst das Leben zur Hölle zu machen. Wir brauchen uns nicht zu beteiligen, wenn Menschen abgewertet und abgeschrieben werden. Vielmehr können wir andere in den Niederlagen ihres Lebens stützen und stärken.

Das schließt zu einer Gemeinschaft zusammen, in der Selbstgerechtigkeit, Überheblichkeit und Ausgrenzung der Versager keinen Platz haben. Davon geht ein neuer Geist aus und der kann auch eine neue Ordnung des Zusammenlebens im Keim sichtbar machen. Petrus hat es in der Begegnung mit Jesus als einer der ersten erfahren: Aus der neuen Chance für das eigene Leben erwächst eine bleibende Verantwortung für andere, gerade für die Schwächeren, die gestärkt und gestützt werden müssen. Da mögen viele sagen, es sei hoffnungslos, sich dem Sog des Bösen entziehen zu wollen. Das brauchen wir nicht zu glauben. Wir können uns an die Hoffnung halten, die Petrus begleitet hat, und dann können wir auch mithelfen, die Macht des Bösen einzudämmen, der Hölle auf Erden Grenzen zu setzen. Amen

Zeitansage: "Ich wünsche mir eine Welt ohne Waffen und Religionen"

Johannes 4, 19 – 26

Liebe Gemeinde!

Wo wohnt Gott? Gott wohnt im Himmel, sagt das Kind. Den kann es sehen, sich ihm in ersten Malversuchen nähern, sich in ihn hineinträumen.

Gott im Himmel – diese Vorstellung soll dann auch den Träumern vorbehalten bleiben. So reagieren jedenfalls die Aufgeklärten, die Realisten, die Skeptiker. "Den Himmel überlassen wir den Engeln und den Spatzen", hat schon vor über einhundertfünfzig Jahren Heinrich Heine gespottet. Gott in einem fernen Jenseits weit ab von unserem Leben heute, von unseren alltäglichen Ängsten, Sorgen und Hoffnungen. Für die, die ihn suchen und brauchen, bleibt er ein Traum.

Wo wohnt Gott? Gott wohnt auf dem Garizim, dem Berg, den schon unsere Vorfahren als heiligen Berg gekannt und verehrt haben. Gott wohnt hier, nicht fern von uns, sagt die Frau aus Samarien, die Jesus am Jakobsbrunnen bei Sichem trifft. Ihr Juden allerdings, fügt sie hinzu, glaubt, in Jerusalem sei der Ort, wo man ihn anbeten muss und wo er den Menschen nahe ist. Deshalb führen eure Wallfahrten und Prozessionen dorthin, während wir hier auf dem Berg unsere Festgottesdienste abhalten. Niemandem aus Samarien würde es einfallen, dazu den Tempel in Jerusalem aufzusuchen. Und ihr Juden macht einen großen Bogen um unseren heiligen Berg, um unser Land, um uns.

Zwei Völker, die in einem, ihnen gemeinsam gehörenden Land leben, die denselben Gott anbeten und doch durch Vorurteile und Hass von einander getrennt sind: das Volk der Juden und die Volksgruppe der Samaritaner.

Eins konnte sie damals noch nicht wissen, diese Samaritanerin, die mit Jesus über den richtigen Ort für die richtige Gottesanbetung spricht: Heute beanspruchen die Muslime den alten Tempelberg, auf dem zur Zeit Jesu der jüdische Tempel stand. Nach der Kaaba in Mekka, so sagen sie, ist er der heiligste Ort für alle Angehörigen unserer Religion, unserer Gottesverehrung.

Wo wohnt Gott? Immer dann, wenn jemand meint, die richtige Antwort zu kennen und die wahre Gottesverehrung für sich und die eigene Religion in Anspruch nehmen zu können, werden andere Antworten, andere Glaubensbekenntnisse als falsch und unwahr abgestempelt. Andersgläubige werden zu Ungläubigen. Aus Vorurteilen erwächst Hass. Hass wird zur Feindschaft, und die fordert Gewalt heraus.

Wir wissen es aus den dunklen Zeiten unserer eigenen Vergangenheit: jüdische Gottesverehrung und jüdische Menschen sollten aus der abendländischen Welt verschwinden, ausgemerzt werden. Diesen Holocaust können wir nicht vergessen, wir dürfen es auch nicht. Und wir sehen heute mit Entsetzen, wie religiös motivierte Gewalt sich in weltweitem Terror entlädt und immer mehr unschuldige Opfer fordert. Wir beklagen, wie auch die Gewalt, die den Terror bekämpfen will, in schrecklicher Weise ausufert.

"Ich wünsche mir eine Welt ohne Waffen und ohne Religionen." So hat ein Fernsehmoderator seine Wünsche für eine lebenswerte Zukunft zusammengefasst. Eine Welt ohne Waffen – das wäre dann wohl das Paradies auf Erden. Nach den Erfahrungen der Menschheitsgeschichte und angesichts der gegenwärtigen kriegerischen Auseinandersetzungen und des wie ein Krebsgeschwür wuchernden weltweiten Terrors leider eine Illusion!

Eine Welt ohne Religionen ist ebenso wenig vorstellbar. Sie ist auch nicht wünschenswert. Ein Leben ohne jeden religiösen Bezug, ohne die Erfahrung der Nähe und Zuwendung Gottes verkümmert. Menschliches Zusammenleben ohne die uralten religiösen Tugenden wie Barmherzigkeit und Nächstenliebe, ohne Wegweisung durch Gebote Gottes wird unmenschlich und verkommt zur Hölle auf Erden. Aber die unheilvolle Verbindung von Religion und Waffen, Gottesverehrung und Gewalt gegen die Andersgläubigen, die zu Ungläubigen degradiert und als Feinde bekämpft werden, ist zu einer Geißel der Menschheit geworden.

Alles beginnt mit den unbarmherzigen Grenzziehungen, mit den Vorurteilen, die in Hass umschlagen. So könnte die Frau aus Samarien im Gespräch mit Jesus von der Ausgrenzung ihrer Volksgruppe aus religiösen Gründen berichten. Jesus könnte erwidern, dass auf der anderen Seite er als Jude mit seinen Jüngern bei ihren Landsleuten auf grobe Ablehnung gestoßen ist, die die primitivsten Regeln der Gastfreundschaft verletzt hat. Sie könnten gemeinsam beklagen, wohin das alles führen wird.

Aber Jesus eröffnet dieser Frau noch eine andere Zukunftsperspektive: "Es kommt die Zeit und ist schon jetzt, in der die wahren Anbeter den Vater anbeten werden im Geist und in der Wahrheit". Die Anbetung Gottes ist nicht an exklusive Kultorte gebunden, seien es nun der bis heute so umstrittene Tempelberg in Jerusalem, der Garizim, die Kaaba oder auch die Peterskirche in Rom.

Gottes Nähe werden wir nicht unbedingt an vorher bestimmten Orten, sondern da erfahren, wo Gottes Geist unser Leben erfasst und uns der Wahrheit nahe bringt. Gottes Nähe werden wir erfahren, wo wir im Alltag Gottes Geist durch unsere Lebenshaltung und unser Tun Raum schaffen und wo wir uns dem ständigen Bemühen um die Wahrheit verpflichtet fühlen.

Um die Wahrheit geht es also auch, um wahre Gotteserkenntnis und Gottesverehrung, um den wahren Sinn des Lebens und eine wahrhaftige Lebenshaltung. Jesus beansprucht die Wahrheit für sein Leben im Auftrag Gottes, für seine Worte und seine Taten. Dabei greift er auf die alttestamentlichen Visionen und Verheißungen zurück. Er nimmt die Sehnsucht des Volkes auf, das im Finstern wandelt und im Schatten des Todes auf das Licht, das Heil Gottes wartet. "Das Volk, das im Finstern wandelt, sieht ein großes Licht", heißt es beim Propheten. (Jesaja 9,1)

Diese Verheißung und diese Sehnsucht, die im Alten Testament in der Gestalt des erhofften Messias Ausdruck gefunden haben, sieht Jesus auf sich zulaufen, den Menschensohn aus dem Volk der Juden. So kann er im Gespräch mit der Frau aus dem Volk der Samaritaner sagen: Das Heil kommt von den Juden, und wenn auch du auf den Messias wartest, dann lass dir sagen: Ich bin es, der mit dir redet.

Diese Beschreibung seiner Sendung Jesu durch Jesus selbst hat die erste christliche Gemeinde als Wahrheit verstanden, die man nicht einfach im Gespräch mit anderen Glaubensrichtungen und religiösen Lebensdeutungen preisgeben kann. Die Wahrheit darf nicht um der Anpassung und einer falsch verstandenen Toleranz willen klein geredet werden. Aber jeder kann sie nur für sich selbst bekennen. Vor allem: Sie ist keine Waffe, mit der Andersdenkende bedroht, erpresst, bedrängt, bekämpft und als Ungläubige verurteilt werden können. Wer die Botschaft Jesu, wie sie uns das Neue Testament überliefert, ernst nimmt, muss zuerst zur Kenntnis nehmen, dass Jesus nie zum Kampf um die Wahrheit, zur Gewalt, zu Heiligen Kriegen oder Kreuzzügen aufgerufen hat.

Wer sich von seinem Geist bewegen lässt, wird darum die Wahrheit weder als Waffe missverstehen noch als Besitz betrachten, auf dem man sich ausruhen kann, ohne sich auch anderen zu öffnen und sie in ihrem Glauben ernst zu nehmen. Von ihrer Aufrichtigkeit und dem Einstehen für ihren Glauben im Alltag könnten wir ja vielleicht lernen. Mit ihnen zusammen können wir Frieden suchen in einer Welt unheilvoller Verbindungen von Waffen und Religion.

"Gott ist Geist, und die ihn anbeten, die müssen ihn im Geist und in der Wahrheit anbeten". Darauf läuft alles hinaus im Gespräch zwischen Jesus und der Frau am Jakobsbrunnen. Gott im Geist und in der Wahrheit anbeten, heißt, das eigene Leben zu begreifen und zu gestalten im Vertrauen auf die Nähe und Zuwendung Gottes, den Jesus "Vater" nennt, und in der Orientierung an den Geboten, die Jesus in der Sorge um verletztes und verletzbares Leben und um ein menschenwürdiges Zusammenleben von allen eingefordert hat.

Solche Anbetung Gottes kann Grenzen zwischen Völkern, Rassen und Kulturen, zwischen Religionen und verschiedenen Glaubensüberzeugungen nicht einfach negieren. Aber im Geist Jesu können Menschen mithelfen, die trennende Schärfe der Grenzen zu überwinden und sie auf dem Weg zu den anderen immer wieder auch zu überschreiten. Jesus hat es im Gespräch mit der Frau aus Samarien getan.

Er hat die Orientierungspunkte auf solchen grenzüberschreitenden Wegen deutlich markiert: Offenheit für die anderen, auch für ihre Not, Nächstenliebe und Barmherzigkeit, Versöhnungsbereitschaft und das Bemühen um Frieden. Vor dem Horizont dieser gottgegebenen Wahrheit werden wir, wo wir können, den Todesmächten, die für die Verbindung von Waffen und Religion verantwortlich sind, widerstehen. Wir werden Religion als Lebensorientierung und Lebenskraft, als Nächstenliebe und als Weg zu einem friedlichen Miteinander zu leben versuchen.

Wo wohnt Gott? Diese Frage, die schon das Kind beschäftigt und die unter erwachsenen Menschen immer wieder auch Streit bis hin zu gewalttätigen Konflikten und Kriegen ausgelöst hat, bekommt eine neue Zielrichtung. In einer alten jüdischen Erzählung, die Martin Buber wiedergibt, wird sie so beantwortet: "Gott wohnt da, wo man ihn einlässt."

Eine Welt ohne Waffen und Religionen können oder sollten wir uns nicht wünschen, wohl aber eine Welt, in der Menschen Gott in ihr Leben einlassen.
Amen

Zeitanfrage: Welchen Propheten glauben wir?

1. Korinther 14, 1-3. 20-25

Liebe Gemeinde!

In einem Theaterstück des Dramatikers und Gesellschaftskritikers Franz Xaver Kroetz, das in München seine Uraufführung erlebt hat, sitzt der Souffleur in der ersten Reihe im Zuschauerraum. Er hat ein Pult mit dem Text vor sich und ein Mikrofon in der Hand. Vier Schauspieler sitzen in seiner Nähe und jeder starrt in einen farbigen Plastik-Fernsehkasten.

In der Kritik einer großen deutschen Tageszeitung wurde dann weiter berichtet: "Wenn der Souffleur schreit: 'Beten!', dann beten sie, wenn er schreit: 'Grinsen!', dann grinsen sie, wenn er schreit: 'Wählen!', dann wählen sie, machen ihr Staatsbürgerpflichtkreuz auf dem Boden, auf den Fernsehern, auf den Sesseln, ja selbst auf ihren entblößten Hinterbacken. Zwischen dem oft und oft vom Souffleur wiederholten 'Wählen!' plappern sie panisch und mechanisch nach, was durch ihre Köpfe beim Zappen rauscht: 'Deutschland!', 'Sparpolitik!' 'Zukunft!', 'Wir brauchen mehr Kinder!'. 'Deutschland muss ein Land der Ideen werden!' und so weiter. Die vier Männer sind 'Drücker', ihr Leben besteht aus dauerndem Drücken der Fernbedienung. Und was das Fernsehen ihnen vormacht und vorsagt, das machen und sagen sie nach".

Werden wir tatsächlich schon so exzessiv durch Medienkonsum ferngesteuert? Sind unsere Köpfe schon mit vorgekauten Meinungen und vorgefertigten Entscheidungen so "verfüllt" und unsere Ohren vom Dauerton medialer Kommunikation so zugedröhnt, wie diese Gesellschafts- und Medienkritik uns weismachen will?

Die Dichterin Nelly Sachs hat in einer sehr viel hintergründigeren Zukunftsvision schon vor Jahrzehnten gefragt, was wohl geschehen würde, wenn einmal der Lärm der vielen Stimmen, die auf uns einreden, plötzlich verstummen, wenn es still würde wie in einer nicht enden wollenden Nacht:

> "Wenn die Propheten einbrächen durch Türen der Nacht –
> Ohr der Menschheit, würdest du hören?
> Wenn die Propheten aufstünden in der Nacht der Menschheit –
> Würdest du ein Herz zu vergeben haben?"

So viele Fragen! Die selbsternannten Propheten, die uns im Lärm des Alltags bedrängen und doch nichts weiter sind als Souffleure, die uns von selbständigem Denken und eigenen Entscheidungen abhalten, sind an einer Antwort auf diese Fragen nicht interessiert. Die Propheten der Macht und die Befürworter brutaler Gewalt, die Propheten eines rein wirtschaftlichen Denkens in roten und schwarzen Zahlen, die Anbeter steigender Aktienkurse und die Propheten eines bedenkenlosen Egoismus kennen nur eine Maxime: Es muss sich rechnen und es muss sich auszahlen. Nein, diese Propheten werden uns keinen Ausweg aus einem fremdbestimmten und ferngesteuerten Leben weisen können.

Paulus beschwört die prophetische Rede als die einzig hilfreiche Antwort, die eine christliche Gemeinde auf die drängenden Lebensfragen geben kann. Ihre Aufgabe ist nicht das Soufflieren gängiger Trends. Ihre Aufgabe ist es vielmehr, für die Menschen "zur Erbauung, zur Ermahnung und zur Tröstung" zu reden.

Paulus spricht die ganze Gemeinde an. Er meint alle, die sich im Gottesdienst versammeln, in der Gemeinde mitarbeiten und mit der Gemeinde leben. Alle sind empfänglich für die "Gaben des Geistes". Sie können sich für Gottes Geist offen halten, sie sollen sich um die Gaben des Geistes bemühen – mit Ohren, die sie öffnen und mit Herzen, die sie vergeben, verschenken können.

"Wenn die Propheten
den Zögernden zu essen geben,
den Zaghaften reinen Wein einschenken,
beim Namen nennen,
was Kummer macht.

Wenn die Propheten
den Schweigenden ein Stichwort geben,
den Hoffnungslosen
Schritte zeigen auf festem Grund

Du da!
In Schuhen gehend
auf dünner Erdenhaut:
In deinem Munde glüht
ein Feuerwort,
auch deine Zunge taugt
zum Feueranzünden. "

"Wir stehen auf dünner Erdenhaut" hat Arnim Juhre seine Sammlung von Gedichten und Psalmnachdichtungen genannt. Du da, ruft der Dichter, du gehst weiter auf dünner Erdenhaut, und in deinem Munde glüht ein Feuerwort. Du hast etwas zu sagen – eine Botschaft, die sich wie in Feuer ausbreiten und andere anstecken könnte: Die vielleicht, die auf schwankendem Grund nicht mehr weiterzugehen wagen; die unsicher geworden sind und ängstlich; die vielleicht schon resigniert und hoffnungslos zu Boden blicken, aber nicht mehr nach vorn und nicht mehr nach oben sehen.

Aus ihrer Erstarrung könnte die Botschaft auch alle befreien, die keinen Ausweg aus einem fremdbestimmten und ferngesteuerten Leben mehr zu sehen meinen, deren Ohren und Herzen sich vor dem Lärm der vielen Stimmen verschlossen haben.

Mit Paulus können wir uns sicher sein, dass dieses Feuerwort in allen christlichen Gemeinden entzündet wird – in den Gottesdiensten, im Gemeindeleben und in jedem hilfreichen Einsatz für die, die Hilfe brauchen. Es zu entzünden ist jedoch kein Privileg besonderer Ämter und Berufe. "Du da – auch deine Zunge taugt zum Feueranzünden." Alle in der Gemeinde sind gemeint. Alle können sich dazu auch berufen fühlen.

Eins aber will Paulus ausschließen: Das Feuerwort soll keine ekstatische Religiosität entfachen. Es soll nicht durch "Zungenreden", durch Begeisterung ohne Verstand und ohne Verstehen weitergegeben werden. Begeisterte, die sich in ihrem ekstatischen Glauben den Zögernden und Zaghaften, den Schweigenden und Hoffnungslosen nicht verständlich machen können, reihen sich ein in die große Schar derer, die letzten Endes nur das Leben und Zusammenleben anderer fremd bestimmen und Souffleure bleiben wollen.

Dabei wären doch die vielen Außenstehenden und Randsiedler im Umfeld der Kirche, die Kritiker und Skeptiker am Rande einer Gemeinde für Hoffnung und Ermutigung schon empfänglich, vielleicht auch für Ermahnung und Wegweisung vor dem Horizont der Gebote Gottes im Lärm und in der Hetze des Alltags.

Ganz sicher aber brauchen sie alle, was Paulus "Tröstung" nennt – Licht in einer sich verdunkelnden "Nacht der Menschheit". Zungenreden und Äußerungen einer in sich verschlossenen, selbstgenügsamen Religiosität können das nicht bewirken. Die prophetische Weitergabe von Gottes Feuerwort kann es, weil sie den Zögernden das Brot des Lebens und den Zaghaften den Wein der Wahrheit anbietet.

Das hilft den von Leid und bösen Erfahrungen Niedergebeugten, ihren Kummer auszusprechen, und gibt den in sinnloser Hetze und in sorgengeplagtem Alltag Verstummten ein neues Stichwort. Es lässt sie auf ihre vielen Fragen die alten Antworten des Glaubens neu erfahren und erproben. Das zeigt den auf dünner Erdenhaut ängstlich und hoffnungslos Gewordenen Schritte auf festem Grund, neue Räume des Lebens und Zusammenlebens, die sich durch Nächstenliebe, Hilfsbereitschaft und Fürsorge für andere auftun.

Auch das sind Gaben des Geistes, von dem Paulus spricht. Sich um sie zu bemühen und so nach der Liebe zu streben, lohnt sich – für uns selbst und für die, die noch auf das Feuerwort warten. Paulus hat es erfahren: In diesem prophetischen Wort ist Gott selbst unter uns. Seine Nähe wirkt einladend und schließt auch die Zaghaften und Zögernden in die Gemeinschaft einer lebendigen Gemeinde ein.
Amen

Zeitanfrage: Wer hat den stärkeren Gott –
die Muslime oder die Christen?

2. Korinther 4, 6 u.7

Liebe Gemeinde!

"Wer hat den stärkeren Gott? ", fragte ein großes deutsches Wochenmagazin in einer Titelgeschichte. Offenbar wird diese Frage nicht im Dialog sondern im Kampf entschieden, denn das Titelbild zeigte zwei große Hände beim Fingerhakeln. Eine Hand gehörte ganz offensichtlich einem Bischof, dessen purpurner Ärmel mit Kreuzen geziert war, und die andere einem grün gewandeten Imam oder Ayatollah.

"Islam und Christentum, der ewige Zwist" lautete die Unterschrift. Wer hat nun den stärkeren Gott?

Auch Paulus musste sich zu seiner Zeit dieser Frage stellen – in einer Welt mit vielen unterschiedlichen religiösen Vorstellungen, die sich scharf bekämpften. Wer hat den stärkeren Gott? Wo ist der Widerschein des Göttlichen am deutlichsten zu sehen und am stärksten zu erfahren?

Paulus antwortet, indem er zuerst auf die Schöpfung zurückweist. " Gott sprach: Licht soll aus der Finsternis hervorleuchten." So beschreibt der Apostel den Anfang des Lebens in unserer Welt und damit weist er auf Gott als den Schöpfer des Lebens hin. Da zeigt sich seine Macht.

Ja, werden damals viele gedacht haben, das wollen wir ja nicht bestreiten, aber wie geht es nun mit uns weiter? Ja, sagen wir heute, das haben wir so gelernt und das glauben wir auch. Gott ließ einst das Licht aus der Finsternis hervorleuchten. Aber manche fügen da doch schnell hinzu: Das war einmal, und nun sind wir es, die mit dem Licht der Vernunft, mit dem strahlenden Glanz menschlicher Macht, mit der Herrlichkeit menschlichen Forschens und Könnens, mit der Leuchtkraft wirtschaftlichen Wachstums, materiellen Wohlstands und Reichtums die Dunkelheit unserer Welt ausleuchten.

Gott ließ einst das Licht aus der Dunkelheit hervorleuchten. Aber längst haben wir uns unsere eigenen Sonnen geschaffen, die uns Licht geben, deren Leuchtkraft unseren Weg in die Zukunft erhellen soll. Unser selbstgeschaffenes Licht, so glauben viele, verspricht sichere Orientierung.

Damit hat sich die Frage nach dem stärkeren Gott eigentlich schon längst erledigt. Sie bedarf keiner Antwort mehr, weil sich schon die Frage nach Gott erledigt hat. So antworten alle, die sich selbst genug sind, ihres Könnens und ihrer Fähigkeiten bewusst. So antworten die Macher, machtbewusst und fortschrittsgläubig.

Aber sie blenden doch die Schatten aus, die unsere Sonnen werfen – Schatten, die immer länger, schärfer, tiefer werden: die Schatten eines wissenschaftlich-technischen Fortschritts ohne Ethik; die Schatten wirtschaftlicher Entwicklungen ohne Rücksicht auf die Schwächeren, die im Konkurrenzkampf um Brot, Arbeit und Wohlstand nicht mithalten können; die Schatten einer Globalisierung ohne Gerechtigkeit für die Armen. Machen uns diese Schatten, die unsere selbstgeschaffenen funkelnden Sonnen werfen, nicht Angst, dass wir den richtigen Weg für unser Leben nicht mehr finden und dann immer tiefer in die Dunkelheit von Einsamkeit und Resignation versinken?

Ja, und darum ist es schon lebensnotwendig, dass wir die Frage nach dem stärkeren Gott, die uns sicher auch von vielen Muslimen in Deutschland gestellt wird, wieder aufnehmen. Wenn wir uns dabei von Paulus leiten lassen, dann drängt sich uns allerdings eine Antwort auf, die nicht nur weit verbreitete Gottesvorstellungen des Islam, sondern auch manche unserer eigenen Vorstellungen von Gott in Frage stellt.

Noch einmal: Paulus erinnert uns zuerst daran, dass Gott am Anfang der Schöpfung und des Lebens Licht aus der Dunkelheit hat hervorleuchten lassen. Dieses Licht aber, so fährt er fort, ist nicht das Licht vieler funkelnder Sonnen, sondern ein Licht, das unser Herz erleuchtet. Paulus sagt: So will Gott uns die Möglichkeit geben, seine Herrlichkeit zu erkennen und uns in der Dunkelheit daran zu orientieren.

Herrlichkeit, so sagt es ein altes deutsches Wörterbuch von 1920, hat dieselbe Bedeutung wie „Herrschaft, Herrenmacht, Obergewalt“, hat etwas mit Macht und Stärke zu tun. Paulus denkt da ganz anders: Es geht nicht um Macht, die Gott, der Herr, durchsetzt. Nein, Gott leistet sich die Schwäche, sein Licht im Angesicht eines Menschen aufscheinen zu lassen – im Angesicht seines Sohnes und unseres Menschenbruders Jesus Christus.

Der war kein Machtmensch. Das Schwert hat er nicht in die Hand genommen, um Gottes Herrschaft und Stärke den Menschen nahe zu bringen. Mohammed hat es immerhin getan. Von Jesus haben es viele seiner Zeitgenossen wohl erwartet, aber da hat er sie enttäuscht. Er wollte nur eins: Gottes Menschenfreundlichkeit durch Wort und Tat - Taten der Liebe und Barmherzigkeit - den Menschen nahe bringen. Dafür hat er gelebt und dafür ist er auch gestorben. Gottes Licht hat sich da gezeigt, wo dieser Jesus sich Menschen in ihrer Not zuwandte und wo er andere zur Nächstenliebe ermutigte, wo er mit seinem Leben und mit seinem Sterben Gottes Liebe abbildete.

Paulus sagt: Nur wer sich an diesem Weg Jesu orientiert, lernt Gottes Herrlichkeit kennen und seine Stärke begreifen.

Jesus selbst ist noch weiter gegangen. In einem seiner Gleichnisse hat er gesagt: Ich werde den Menschen zu allen Zeiten begegnen in der Gestalt der Geringsten meiner Menschengeschwister. In den Ohnmächtigen und Unterdrückten, in den von den Mächtigen und Erfolgreichen Abgeschriebenen und an den Rand Gedrängten werde ich auf sie zukommen. In den Gesichtern dieser ihrer Mitmenschen müssen sie mich erkennen, in Gesichtern, die von den Schatten der vielen von Menschen geschaffenen Sonnen verdunkelt sind. Und dann, aber erst dann werden sie das Licht Gottes sehen und erfahren. Ja, was ihr euren Mitmenschen im Bösen oder im Guten antut, das tut ihr mir an. So verdunkelt oder verstärkt ihr dieses Licht in unserer Welt.

Paulus hat es schon angedeutet: Gottes Herrlichkeit scheint auf in Nächstenliebe und Mitmenschlichkeit. Das ist seine Stärke. Gott leistet sich die Schwäche, seine Macht in dieser Welt letzen Endes von unserer Barmherzigkeit abhängig zu machen, die wir in der Nachfolge Jesu Christi und in seinem Geist in die Tat umsetzen. Das versteht Paulus unter dem Schatz, der nur in irdenen Gefäßen zu haben ist, im Gefäß unseres fragilen, zerbrechlichen Lebens.

Diesen Schatz braucht unsere Welt als ein Gegenlicht zu den vielen funkelnden Sonnen, die Menschen blenden und verblenden und die so dunkle, bedrohliche Schatten werfen.

Da stellt sich die angebliche Schicksalsfrage, wer denn nun den stärkeren Gott hat, noch einmal neu. Die Fundamentalisten, die Fanatiker in allen Religionen wollen die Frage im Kampf, in Kreuzzügen und Heiligen Kriegen, auch mit Gewalt und Terror lösen. Dieser Weg führt in die Irre. Wir erfahren es täglich.

Paulus weist uns einen ganz anderen Weg – einen Weg, auf dem wir nicht zuerst nach der Stärke Gottes, sondern nach seiner Schwäche fragen.

In der tausendjährigen Hildesheimer St. Michaeliskirche ist sie abgebildet- zum Beispiel in den Szenen aus dem Leben Jesu und den Szenen seiner Passion, wie sie auf Bernwards Christussäule zu sehen sind: Jesus, der sich im Namen Gottes dem Blinden zuwendet und seinem Leben wieder Licht gibt; Jesus, der im Namen Gottes die Hand des Aussätzigen ergreift, den seine Mitmenschen in die Dunkelheit von Ausgrenzung und Einsamkeit gestoßen hatten; Jesus, der dem Egoisten Zachäus sein Versagen, seine Schuld vergibt und ihm eine neue Lebenschance eröffnet. Da ist Gottes Herrlichkeit zu sehen, wie sie im Angesicht Jesu aufleuchtet, auch in seinem Sterben, auch im Angesicht des Gekreuzigten in jeder unserer Kirchen.

Das ist die Antwort auf die Frage nach dem stärkeren Gott. Paulus sagt: Auf diese Antwort müsst ihr euch schon einlassen – auch in allen Auseinandersetzungen mit Menschen anderen Glaubens. Ihr antwortet ja mit dem Hinweis auf die Liebe Gottes, die Menschen erfahren und weitergeben.

Hier liegt die Stärke des christlichen Glaubens, der Gottes Macht und Herrlichkeit in allen Formen der Nächstenliebe und Barmherzigkeit, der Vergebung und Versöhnung Gestalt geben will. Wir helfen mit, dass diese Macht zum Durchbruch kommt. Dann werden wir auch etwas von der, wie Paulus sagt, "überschwänglichen Kraft" erfahren, die von Gott kommt, unsere Möglichkeiten und Kräfte, auch unser Versagen, weit übersteigt, aber uns jeden Tag neu für Liebe und Mitmenschlichkeit offen hält.
Amen

Zeitanfrage: Welche Autorität entscheidet über Gut und Böse?

Epheser 5, 8b – 14

Liebe Gemeinde!

"Ich habe von Anfang an, schon als Kind versucht, selbst herauszufinden, was gut und was böse ist, da niemand in meiner Umgebung es mir sagen konnte. Und jetzt, wo mir alles abhanden kommt, habe ich das Bedürfnis, dass mir jemand den Weg weist… nicht auf Grund von Macht, sondern von Autorität…" Das hat der französische Schriftsteller und Literaturnobelpreisträger Albert Camus kurz vor seinem tragischen und viel zu frühen Tod geschrieben.

Den Ideologen, die eine nicht mehr hinterfragbare Autorität für sich in Anspruch nehmen, aber letzten Endes doch nur die eigenen Machtansprüche meinen, hat Camus immer misstraut. "Uns Kindern ohne Gott und Vater", hat er gesagt, "graute vor den Lehrmeistern, die man uns anbot". Aber das galt doch nicht nur für ihn und seine Generation, die das Böse in Gestalt von Krieg, Zerstörung und Verwüstung erlebt und erlitten hatten. Sein Misstrauen ist auch uns nicht fremd.

Selbst herausfinden müssen, was gut und was böse ist, das ist nicht einfach. Und da bieten sich dann schnell so viele Autoritäten an, die den Anspruch erheben, die Wahrheit zu wissen und Gerechtigkeit zu verwirklichen. Wir sind die Guten, die Heilsbringer, sagen sie und unsere Gegner verkörpern die "Achse des Bösen". Andere sagen: wir setzen auf die heilenden Kräfte des Marktes. Der Markt schafft Gerechtigkeit. Leistung wird belohnt, Ineffizienz und Unproduktivität bestraft. Wieder andere versprechen: wir sorgen für gerechte und solidarische Verhältnisse, aber ihr müsst euch unseren politischen Leitideen schon unterordnen. Sie alle beanspruchen Autorität und sie meinen Macht. Aber Gerechtigkeit und Wahrheit verkommen, werden vom Bösen regelrecht infiltriert, wenn Machtgewinn und Machterhalt zur obersten Maxime werden.

Der Predigttext aus dem Epheserbrief verweist auf eine ganz andere Autorität, die vor Gerechtigkeit und Wahrheit die Güte setzt. Die Frucht des Lichtes, heißt es da, ist lauter Güte, Gerechtigkeit und Wahrheit.

Licht erhellt die Dunkelheit und ermöglicht Orientierung. Der Morgenglanz, vor dem das Dunkel der Nacht weicht, weckt Mensch und Natur zu neuem Leben. Die Klarheit der Sonne hat wärmende Kraft.

Der Verfasser des Epheserbriefes überhöht unsere alltägliche Erfahrung. Er sieht ein Licht, das nicht nur die Welt erleuchtet, sondern gleichzeitig eine Autorität ausstrahlt, die allen dunklen Mächten Grenzen setzt. Er weiß: Jesus selbst hat diese Autorität für sich beansprucht. "Ich bin das Licht der Welt", hat er gesagt. Und die, die sich von seinem Geist bewegen, leiten lassen, werden im Predigttext "Kinder des Lichts" genannt. Sie werden in die Autorität dieses Jesus einbezogen und gleichzeitig aufgefordert: Nun lebt auch als Kinder des Lichts. Gebt die Autorität weiter, die für das Gute steht und in der Güte das entscheidende Lebensprinzip sieht. Wo das Licht alle Dunkelheit durchdringt, wird Güte erfahren und gelebt. Diese Güte bezieht auch die Gerechtigkeit ein, nach der wir fragen. Sie ist Kern der Wahrheit, an der wir uns orientieren können, wenn wir zwischen Gut und Böse unterscheiden wollen.

Güte, Gerechtigkeit und Wahrheit – sie müssen gelebt werden. Da kommt auf uns schon eine große Verantwortung zu. Ihr seid Kinder des Lichts. Euer Leben steht im Schutz der Autorität dessen, der sich selbst als Licht bezeichnet. Eine hoffnungsvolle Zusage, aber auch ein hoher Anspruch: Wenn ihr denn Kinder des Lichts seid, dann lebt auch dementsprechend. Lebt als Kinder des Lichts, das alle Dunkelheit zurückdrängt.

Aber es fällt uns doch oft so schwer, auf die Macht und Autorität des Lichts zu setzen, weil wir so viel Dunkles erfahren und erleben, oft auch erleiden müssen: Leistungsdruck und Versagensängste, Verlusterfahrungen und Lebenseinschränkungen durch Krankheit oder Altersschwäche. Die dunklen Schattenseiten dieser Welt mit Krieg und Zerstörung, hemmungsloser Gewalt und Unterdrückung, Hunger und Ungerechtigkeit, wachsender sozialer Kälte in unserer eigenen Gesellschaft bleiben allgegenwärtige Bedrohung. Da ist schon die Versuchung groß, sich in dunkle Resignation zurücksinken zu lassen, die Augen zu schließen und zu träumen – vom Licht, vom wahren Leben, das sich uns vielleicht doch noch erschließt mit Lebensglück und Lebensgenuss.

"Ich beneide sie alle, die vergessen können, die sich beruhigt schlafen legen", hat Günter Eich geschrieben. "Ich beneide mich selbst um die Augenblicke blinder Zufriedenheit. Im Grunde aber zweifle ich an der Güte des Schlafs, in dem wir uns alle wiegen. Sieh, was es gibt: Gefängnis und Folterung, Blindheit und Lähmung, Tod in vieler Gestalt, den körperlosen Schmerz und die Angst, die das Leben meint… alles, was geschieht, geht dich an."

Die Aufforderung am Schluss des Predigttextes, der von der Verantwortung der Kinder des Lichts spricht, klingt ähnlich. Das könnte auch im Epheserbrief stehen: "Alles was geschieht, geht dich an". Schließlich steht am Ende dieses Abschnittes, der von der Autorität des Lichtes und der Verantwortung der Kinder des Lichts spricht, die Aufforderung: "Wach auf, der du schläfst und steh' auf von den Toten"

Wer sich ganz in die Resignation zurücksinken lässt, stirbt schon eine Art von Tod, trennt sich vom Leben. Finde dich nicht damit ab, öffne die Augen, auch wenn du so viel Dunkles siehst! Wach auf aus den Träumen mit ihren falschen Hoffnungen! Kehr zurück ins Leben, das du noch jeden Tag mit neuen Lebensmöglichkeiten gestalten kannst!

Die Hoffnung nicht aufgeben und Vertrauen wagen, das wäre eine gute Möglichkeit. Sie liegt doch nahe, denn das Vertrauen gilt Gottes Güte, von der wir immer noch leben. Er nimmt sie nicht zurück, so wenig wie er das Licht, das auch an den Grenzen der Dunkelheit und im Dunkeln selbst noch zu sehen ist, erlöschen lässt.

Aufwachen, aufstehen und sich abwenden von Passivität als Lebensprinzip. Die anderen um uns herum mit ihren Fähigkeiten und ihren Schattenseiten, ihren Nöten und ihren Bedürfnissen wahrnehmen. Erfahrene Güte weitergeben – auch das wäre eine gute Möglichkeit.

Die Augen öffnen und in die Dunkelheit hineinsehen – dahin, wo Leben beeinträchtigt, wo Gerechtigkeit verhindert und Wahrheit manipuliert wird, wo Egoismus und Machtdenken zum Lebensprinzip werden. Von Werken der Finsternis spricht der Briefabschnitt und mahnt zur Abgrenzung: Habt damit nichts gemein, prüft und deckt auf, was sich hinter angemaßter Autorität verbirgt! Setzt andere Maßstäbe und vertretet sie auch!

Das sollten wir schon auf uns beziehen: Schweigt nicht und macht nicht mit, wenn die Ideologen der Macht ihre Heilsversprechungen lauthals verkündigen, wenn sie die Humanität der Ökonomie opfern, die Menschlichkeit der Wirtschaftlichkeit. Solche Wachsamkeit hilft uns und der Gemeinschaft, in der wir leben, sich aus todesähnlichen Erstarrungen zu lösen, Wir müssen kollektiven Egoismus ebenso hinter uns lassen wie ein orientierungsloses "Weiter so".

Ist das zu viel verlangt? Jesus jedenfalls traut uns zu, uns von seinem Licht als Wärme und Helligkeit, als Grundvertrauen auf Gottes Güte erleuchten zu lassen. Darum traut er uns auch zu, diese Güte als Nächstenliebe und Barmherzigkeit weiterzugeben. Seine Gerechtigkeit sollen wir als eine Gerechtigkeit für jedermann ohne Unterschied einklagen. Seine Wahrheit gilt es in der Öffentlichkeit unserer Gesellschaft ohne falsche Rücksichtnahme auszusprechen.

Wir wünschen uns doch alle, dass wir uns jederzeit so eindeutig gegen das Böse und für das Gute entscheiden und dass unsere Entscheidungen auch tragfähig sind. Wir hoffen, dass dann, wenn wir unsicher werden, uns jemand den Weg weist – nicht auf Grund von Macht, sondern auf Grund einer Autorität, die in allen Veränderungen des Zeitgeistes unbeirrt wirkt. Jesu Anspruch bleibt: "Ich bin das Licht der Welt". Der Predigttext fügt hinzu: Lasst euch von diesem Licht erleuchten, dann werdet ihr auch als Kinder des Lichts handeln.
Amen

Advent - Hoffnungsbilder

Jesaja 35, 4 – 6

Liebe Gemeinde!

Bilder, die Hoffnung machen, Bilder von der Verwandlung der Wüste in ein Land voller Leben; Bilder von der Heilung menschlicher Behinderungen und Gebrechen; von Begleitung und Geborgenheit in der Unwegsamkeit; von Freude, die Klage und Schmerz verbannt – Hoffnungsbilder.

Wir möchten uns ja gern, viel zu gern auf solche Bilder einlassen – schon gar in der Adventszeit, wenn das Licht der Kerzen die anderen Bilder, die uns das Jahr über bedrängen, ins Dunkel zurückweichen lässt. Aber wirklich verdrängen können wir sie ja nicht. Sie kommen wieder – die Bilder von Unfrieden und Hass, Gewalt und Zerstörung, von Ungerechtigkeit, Hunger und Flüchtlingselend. Sie kommen wieder und bedrängen uns, verbreiten Angst und Resignation.

Sieht der Prophet sie nicht oder sieht er etwa über sie hinweg? Dann wären seine Hoffnungsbilder nur eine Illusion, ein Traum, der sich angesichts der rauen Wirklichkeit schnell wieder verflüchtigt. Nein, der Prophet hat sie durchaus vor Augen – die Bilder, die uns Angst machen. Er redet ja von verzagten Herzen, die gestärkt und getröstet werden müssen.

Er redet in eine Zeit hinein, in der das Exil in Babylon nur noch ferne Erinnerung und die Hoffnung auf Heimkehr längst in Erfüllung gegangen ist. Aber diese Heimkehr hat nicht die erwartete große Wende in der Geschichte des Volkes Israel gebracht. Die Hoffnung auf Gerechtigkeit und Frieden hat sich schnell wieder abgenutzt. Die Realität ist voll von Enttäuschungen. Der Wiederaufbau von Stadt und Tempel ist nur schleppend vorangekommen. Kümmerlichkeit,

Müdigkeit und Armseligkeit sind die Stichworte für alle Lebensbereiche geworden. Diejenigen, die den Ton angeben, haben als Hoffnungsträger abgewirtschaftet und durch ihren Egoismus, ihre Machtbesessenheit immer wieder jede aufkeimende Hoffnung verspielt.

Nein, der Prophet kennt die bedrängenden, Angst machenden Bilder viel zu gut. Deshalb erwartet er beim Entwerfen seiner Hoffnungsbilder eine entscheidende Wende auch nicht von Menschen, ihren Fähigkeiten, ihren Kräften und ihrem Erfindungsgeist. So beginnt er seine Botschaft: "Seht, da ist euer Gott. Er kommt und wird euch helfen. Darum seid getrost, fürchtet euch nicht!"

Aber wo ist er dann zu sehen, zu erfahren, wo bleibt er denn – dieser Gott, der uns helfen soll? So fragten sich viele, und für sie war der eigentliche Grund für alle Hoffnungslosigkeit das dumpfe Gefühl, nicht nur von aller Hoffnung, sondern auch von Gott verlassen zu sein.

Aber vielleicht suchten sie ihn ja gar nicht da, wo er zu finden gewesen wäre. Vielleicht erwarteten sie ja auch einen ganz anderen Gott als den, von dem der Prophet redete. Der Prophet sieht in seiner Zeit nach vorn. Seine Zusage zielt in die Zukunft. Noch ist Christus nicht geboren. Noch ist die Verheißung nicht erfüllt.

Wenn wir dagegen heute Advent feiern und mit Advent die Ankunft Gottes meinen, dann können wir zurückblicken und uns erinnern an ein Ereignis, das Menschen vor uns erlebt haben. Wir können zurückdenken an die Adventsgeschichte von dem, der in Gottes Auftrag und in seinem Namen gekommen ist: Jesus von Nazareth. Diese Geschichte berichtet tatsächlich, dass er so ganz anders gekommen ist als seit der Zeit des Propheten von den Menschen erwartet –

ohne Macht und Gewalt. Kein Triumphator, kein Helfer, wie sich viele einen allmächtigen Gott vorstellen.
Der Evangelist, der seine Ankunft beschreibt, hat die alte Verheißung des Propheten durchaus vor Augen: "Fürchtet euch nicht. Seht, da ist euer Gott. Er kommt und wird euch helfen." Und dann erzählt er, wie dieser Helfer auf einem Esel in die heilige Stadt einzieht, auf dem Reit- und Lasttier der armen Leute. Und er fügt hinzu: "Sanftmütig kommt er ".

Eine neue, ungewohnte und ganz und gar nicht erwartete Eigenschaft für den ersehnten Erlöser: Sanftmut. Nicht mit Macht und Gewalt hat er eine bessere, eine schöne neue Welt schaffen wollen, auf die zu hoffen es sicht lohnt. Ihm ging es weniger um eine Demonstration von Gottes Allmacht durch sein Auftreten, sein Reden und seine Taten. Er wollte vielmehr Gottes Barmherzigkeit und seine Menschenfreundlichkeit all denen nahebringen, die unter eigener Schuld und eigenem Versagen litten; die sich vom Leben übergangen fühlten; die den Egoismus anderer und ihre Macht schmerzlich zu spüren bekamen. Ihnen hat er in Gottes Namen Vergebung ihrer Schuld zugesagt und ihnen die Möglichkeit eines neuen Anfangs eröffnet. Ihre Menschenwürde hat er ihnen zurückgegeben. So hat er Vergebung gegen Gnadenlosigkeit, Versöhnung gegen Hass, Mitmenschlichkeit gegen Eigensucht zur Geltung gebracht.
Wo er sich Menschen zugewandt hat, haben sie neue Hoffnung geschöpft und wieder zu leben begonnen. Da haben sie sich von seinem Geist auch in Bewegung setzen lassen, um selbst mitzuhelfen, verwundetes, behindertes Leben zu heilen, gefährdetes Leben zu schützen und für das Lebensrecht der Ohnmächtigen und Wehrlosen einzutreten. In seiner Nähe haben sie alle verstanden, dass ein Versprechen eingelöst ist: "Seht da ist euer Gott. Er kommt, um euch zu helfen".
Wir können uns erinnern. Die Adventszeit ist eine Zeit der Erinnerung an die alte Verheißung, aber auch daran, wie die alte Verheißung in Erfüllung gegan-

gen ist. Die Erinnerung aber kann zu einer Einladung und zu einer Aufforderung werden. Wir können uns in den Sog der Geschichte dieses Jesus von Nazareth hineinziehen und von seinem Geist in Bewegung setzen lassen. Wir können Gottes Menschenfreundlichkeit auch in eigenem Versagen und in unseren Niederlagen erfahren als Vergebung und neuen Mut zum Leben, zu neuen Anfängen, zu Nächstenliebe und Mitmenschlichkeit, zu eigenen Schritten auf einem Weg hin zu mehr Gerechtigkeit und Frieden. Da wird aus der Erinnerung an alte Verheißungen eine gegenwärtige Zusage: "Seht, da ist euer Gott. Er kommt, um euch zu helfen".
Für alle, die sich auf diese Zusage einlassen, schieben sich tatsächlich vor die Bilder, die uns verfolgen, die Bilder von Verwundung, Behinderung und Vernichtung menschlichen Lebens, von gestörtem und zerstörtem Zusammenleben, andere Bilder, Hoffnungsbilder: Menschen, die blind sind für die eigenen Möglichkeiten und die Nöte anderer, gehen plötzlich die Augen auf. Andere, die ihre Ohren verschlossen und sich in das Schneckenhaus ihrer Resignation zurückgezogen haben, hören wieder die alten Worte der Verheißung und der Mahnung. Menschen die unbeweglich und starr geworden sind, kommen wieder in Bewegung. Andere, die den Weg verloren haben, die den Weg zu sich selbst und zu ihren Mitmenschen nicht mehr finden konnten, sehen plötzlich einen Weg, auf dem sie gehen können, der sich ihnen in der Wüste eigener Verlassenheit und kollektiver Ängste auftut. Da wird sich auch die Wüste verwandeln in ein Land, in dem sich zu leben, auf andere zuzugehen und mit anderen zusammenzuleben, lohnt. "Die Erlösten werden dort gehen", sagt die alte Verheißung.

In unserem Gesangbuch heißt es: "Wo ein Mensch Vertrauen gibt, nicht nur an sich selber denkt; wo ein Mensch den andern sieht, nicht nur sich und seine Welt; wo ein Mensch sich selbst verschenkt und den alten Weg verlässt, fällt ein Tropfen von dem Regen, der aus Wüsten Gärten macht". Das bleibt unsere Hoffnung. Amen

Weihnachten - ein verlorenes Paradies?

Jesaja 9,1-5

Liebe Gemeinde!

Weihnachten ist wie ein letzter Rest des verlorenen Paradieses. Einmal im Jahr finden wir alle uns wie in einem Lichtkreis wieder, der das Gefühl von Geborgenheit und Zusammengehörigkeit vermittelt. Wer irgend kann, ist an diesem Abend in der Familie beieinander, auch wenn jeder sonst seinen eigenen Weg geht. Alle bemühen sich darum, die anderen zu verstehen. Alle sind wir ansprechbar auf Mitmenschlichkeit, Versöhnung, Frieden.

Unterschwellig bleibt jedoch die Angst vor der Dunkelheit, die jenseits der Grenzen des Lichtkreises lauert. Wir wissen, dass wir wieder aufbrechen und diesen weihnachtlichen Lichtkreis, diesen letzten Rest des verlorenen Paradieses verlassen müssen. Wir wissen auch, was dann auf uns wartet:

Der Terror, der seine Spuren diesem zuende gehenden Jahr eingeprägt hat, wird weitergehen. Er wird neue Opfer fordern. Wir werden weiter mit den Fernsehbildern von Gewalt und Krieg konfrontiert werden. Wir werden uns weiter nach Frieden sehnen.

Die Bilder, die der Prophet Jesaja in seiner Vision vor Augen hat, werden erschreckend lebendig. Unschuldige Menschen werden niedergedrückt durch das Joch der Mächtigen, vorwärtsgetrieben durch die Stecken der Agitatoren und Drahtzieher des Terrors, zermalmt unter den Stiefeln militärischer Macht. Dieses Weihnachtsfest ist überschattet von der Angst, dass auch wir in die schrecklichen Folgen terroristischer Gewalt und kriegerischer Aktionen mit hineingezogen werden.

"Das Volk, das im Lichtglanz wandelt, sieht schwarz, sieht schwarz". So hat der Dichter Arnim Juhre die alte Prophetenvision vom Volk in der Finsternis, dem ein helles Licht aufscheint, für unsere Gegenwart neu gefasst. Er hat mir sein Gedicht vor Jahren einmal zu Weihnachten geschickt. Ich lese es heute wieder und bin von seiner Aktualität betroffen. "Das Volk, das im Lichtglanz wandelt, sieht schwarz, sieht schwarz. Kein Gärtner ist da, der das Kräutlein Hoffnung pflegt gegen drohende Sonnenfinsternis. "

Das macht uns Angst. Angst aber schürt Vorurteile und weckt Hass. Hass wiederum gebiert neue Gewalt – ein Teufelskreis, der unser Zusammenleben einzuschnüren droht. Aber trotz allem bleibt doch die Sehnsucht lebendig, und am Heiligen Abend wollen wir sie auch aussprechen - die Sehnsucht nach Frieden und nach einer Welt ohne Gewalt und Brutalität, einer Welt, in der Schwache geschützt und Hungernde versorgt werden, in der Flüchtlinge ein Zuhause finden, eine Welt, in der wir menschenwürdig und friedlich miteinander leben können.

Der Prophet Jesaja nimmt diese Sehnsucht auf. Er redet von einem Licht, das alle düsteren Gedanken von einer drohenden Sonnenfinsternis überstrahlt. Seine Vision setzt neue Hoffnungsbilder gegen die Schrecken, die wir vor Augen haben. Diese Bilder zeigen einen Gärtner, der sehr wohl das Kräutlein Hoffnung pflegt, der Hoffnung wachsen lässt. Der Prophet redet von einem großen Licht, das von Gott aus die Dunkelheit unserer Ängste, die Finsternis von Hass und Gewalt aufhellt. Und er sieht ein Kind im Zentrum seiner Hoffnungsbilder.

Der Dichter Arnim Juhre umschreibt es so: "Die deiner gedenken, Herr, oder auch nicht, die ihre Träume von dir haben, oder auch nicht, reißt du, wenn du willst, aus ihrer Dunkelheit. Das Joch, das sie belastet hat, der Stecken, der sie vorwärts trieb, du hast sie zerbrochen; dein Feuer verzehrt die Folterwerkzeuge der Macht. Denn uns ist ein Kind geboren, dein Sohn zum Bruder gegeben. Deine Herrschaft hast du auf seine Schulter gelegt. Nun tragen wir mit."

Gottes Herrschaft liegt auf den Schultern eines Kindes, das erwachsen wird und doch Kind bleibt mit einem Urvertrauen auf diesen Gott und mit einer ungebrochenen Hoffnung auf die Kraft der Liebe. Da ist ein Mensch, der nicht auf Macht setzt und sich nicht von denen, die die Macht haben, vereinnahmen lässt; ein Mensch, der mit seinen Worten und mit seinen Taten, mit seinem Leben und dann auch mit seinem Sterben den Teufelskreis von Angst, Hass und Gewalt durchbricht; der für Mitmenschlichkeit und Versöhnung einsteht, der selbst die Andersdenkenden, die Gegner und Feinde in das Gebot der Nächstenliebe einschließt.

Das Kind, von dem wir heute Abend reden und das die alten Weihnachtslieder besingen, der Mensch Jesus von Nazareth, verkörpert die Herrschaft Gottes – eine Herrschaft, die Versöhnung, Mitmenschlichkeit und Liebe durchsetzen will, die Gerechtigkeit und Frieden zum Ziel hat. Der Prophet Jesaja hat es in seinen Hoffnungsbildern vorausgesehen. Diese Hoffnung zieht uns an, fasziniert uns. Wer den Hoffnungsbildern glaubt, vertraut Gottes Herrschaft, wie sie in Jesus von Nazareth lebendig geworden ist und in seinem Geist wirksam bleibt.

"Deine Herrschaft, Gott", sagt der Dichter, "hast du auf seine Schulter gelegt. Nun tragen wir mit". Nun brauchen wir nicht mehr in lähmender Resignation zu verharren und tatenlos voller Angst auf die düstere Dynamik von Hass und Gewalt zu starren. Nichts wäre gefährlicher, als wenn wir uns mit den scheinbar unabänderlichen Gesetzmäßigkeiten von Macht, Gewalt und Gegengewalt, vom Recht des Stärkeren und von der Herrschaft des Fanatismus abfänden. Die Fähigkeit zum Mitleiden am Unfrieden dürfen wir nicht verlieren. Deshalb fangen wir bei uns selbst an, für Verständigung und Versöhnung zu werben, für Gerechtigkeit und für Mitmenschlichkeit einzustehen.

Das mögen nur kleine Schritte sein. Aber so tragen wir Gottes Herrschaft mit. So geben wir die Hoffnung weiter, ohne die alles Leben verkümmert. Da leuchtet ein Licht auf, das uns auch in der gegenwärtigen Dunkelheit einen zukunftsfähigen Weg weist.

Das Volk, das im Dunkeln wandelt, sieht ein großes Licht, und über denen, die im finstern Land wohnen, scheint es hell. Denn uns ist ein Kind geboren, dein Sohn, Gott, ist unser Bruder geworden. Deine Herrschaft hast du auf seine Schulter gelegt. Nun tragen wir mit.
Amen

Epiphanias - Ein neuer Stern

Matthäus, 2, 1-12

Liebe Gemeinde!
"Bist du nicht müde der vielen funkelnden Sonnen?", fragt die Dichterin Marie-Luise Kaschnitz. Ihre Frage rührt an Ängste und Hoffnungen, an Herausforderungen und Niederlagen, die uns auch im neuen Jahr in Atem halten werden. Der strahlende Glanz der Macht, die helle Sonne des Erfolges, das unsere Augen geradezu magisch anziehende Licht des technischen Fortschritts, die Leuchtkraft materieller Sicherheit – so viele funkelnde Sonnen, die immer neue Wünsche in uns wecken und gleichzeitig die Angst wach halten, schon Erreichtes wieder zu verlieren. Sie locken uns auf einen Weg, auf dem ausschließlich Erfolg, Anerkennung und Festhalten dessen, was wir haben, zählen.

Dass nur niemand uns überholt - ebenso magisch angezogen durch die Strahlen dieser vielen Sonnen! Dass nur niemand uns in den Schatten stellt!

"Bist du nicht müde der vielen funkelnden Sonnen?" Bist du nicht müde dieses atemlosen Vorwärtsdrängens, dieses blinden Vertrauens auf Macht, die unsere Sicherheit garantiert, auf Fortschritt, der unser Leben leichter und lebenswerter machen soll und der doch auch seine bedrohlichen Schattenseiten hat? Bist du nicht müde der Niederlagen, die im härter werdenden Konkurrenzkampf unvermeidlich sind? Lässt du dich nicht blenden und verlierst die aus dem Blick, die immer noch oder schon wieder im Dunkeln leben müssen?

Die alte Geschichte von den Weisen aus dem Morgenland redet von einem Stern, dessen Licht nicht blendet und doch den Weg weist. Sie redet von der Sehnsucht nach Lebenssinn und Heil, nach einem von Gott Beauftragten, der diese Sehnsucht erfüllen kann.

Im Laufe unserer Kirchen- und Kulturgeschichte ist diese Erzählung weiter ausgestaltet, gewissermaßen angereichert und legendenhaft ausgemalt worden. Aus den Weisen, die den Lauf der Sterne beobachteten und deuteten, wurden die "Heiligen drei Könige" mit ihrem prächtigen Gefolge und mit ihrer Macht, mit den Reliquien, die bis heute bestaunt und verehrt werden, mit dem Glanz, der die Mächtigen umgibt.

Die alte Geschichte weiß nur von weisen Männern, Sterndeutern, die im fernen Orient plötzlich einen neuen Stern entdecken, der sie aus ihrem alltäglichen Leben fortlockt und sie aufbrechen lässt auf einen langen, gefahrvollen Weg, dem sie folgen wollen - Menschen, die nach Lebenssinn fragen und nach Lebenserfüllung suchen. Der neue Stern wird zum Leitstern, zur Orientierung bei ihrer Suche nach dem Ziel.

Das Ziel müsste der Thron eines neuen Herrschers über Denken und Tun, Wollen und Vollbringen der Menschen sein, denken sie. Ein neuer König, ein Befreier aus alten Abhängigkeiten, ein Heilbringer!

Wo sollte er zu finden sein, wenn nicht im Umkreis der Macht und der Mächtigen? Darum sehen sie sich in Jerusalem, in der Nähe des Königs Herodes, am Ziel ihrer Reise, ihrer Wünsche und ihrer Sehnsucht. Aber Herodes ist kein Heilbringer. Er bringt Gewalt und Tod. Er kennt nur Strategie und Taktik der Macht. Das aber ist nichts Neues für die, die nach Sinn fragen, nach Befreiung und Heil suchen.

Neuer Aufbruch ist nötig. Der Leitstern wandert weiter, und ein Wort aus den alten Verheißungen Gottes begleitet die, die wieder ihren Weg suchen müssen. Das hat der Prophet als Gottes Wort weitergegeben: Aus Bethlehem, einer unbedeutenden Provinzstadt und nicht aus Jerusalem, dem Zentrum der Macht, der glanzvollen Stätte religiösen Lebens, soll der kommen, der in Gottes Auftrag den Menschen Orientierung geben, ihr Denken und ihr Handeln auf ein gottgegebenes und gottgewolltes Ziel hin ausrichten wird.

Die Weisen aus dem Morgenland müssen umdenken. Aber der Stern begleitet sie. Sie können sich nicht gänzlich verirren, verrennen, täuschen lassen. Am Ende ihres Weges und ihrer Suche, am Ende ihrer Fragen, ihrer Zweifel, ihrer Sehnsucht finden sie ein Kind. Ein Kind, das müssen sie an der Krippe des Stalls von Bethlehem begreifen, soll Antwort geben, neue Hoffnung wecken und neues Leben ermöglichen.

Ist es eigentlich so unvorstellbar, dass sich an einem Kind neue Hoffnung entzündet und dass an einem Kind neue Hoffnung sichtbar wird. Da wird doch zunächst die Erinnerung an die eigene Kindheit angesprochen und vor allem an die vielen lockenden und herausfordernden Lebensmöglichkeiten. Noch ist das Leben nicht festgelegt, noch sind die Wege in die Zukunft nicht verbaut, noch gibt es keine belastende Vergangenheit, die man mitschleppen muss. In der Geburt eines Kindes ist ja auch die Sehnsucht aufbewahrt, noch einmal neu anfangen zu können, so wie in diesem Kind das Leben hoffnungsvoll beginnt. Ja, wenn es noch einmal die Chance eines neuen Anfangs gäbe!

Die Weisen mögen es im Licht des Sterns als ihre Hoffnung aussprechen. Auch viele von uns sind sicher offen für das Wunder eines neuen Anfangs.

Für ein Kind ist das Leben noch eine selbstverständliche Einheit. Es hat noch eine Mitte, die Geborgenheit gibt. Noch bricht nichts auseinander in die vielen Lebenswelten, die alle ihre eigenen Gesetze und ihre eigene Dynamik haben, die uns auseinander zu reißen drohen, uns unsicher machen und uns die Orientierung erschweren.

Ja, wenn wir wieder unsere eigene Mitte finden und aus ihr leben könnten! Wenn wir wieder Sicherheit gewinnen könnten und neue Orientierung möglich wäre!

Ein Kind kann auch noch von ganzem Herzen "Danke" sagen. Wir Erwachsenen haben lernen müssen, möglichst alles uns selbst zu verdanken, den eigenen Fähigkeiten und dem eigenen Können. Unsere Gesellschaft zwingt uns ja zu glauben, Leben hieße, alles im Griff zu haben. Aber wir wissen doch, wie oft wir da versagen. Ja, wenn wir wieder lernen könnten, dass unser Leben ein Geschenk Gottes ist und dass wir das Entscheidende im Leben – Liebe, Geborgenheit, Nähe und Wärme – nicht selbst schaffen können. Sinn des Lebens, Lebenserfüllung – wir erfahren es durch andere und wir verdanken es Gott. Dies zu akzeptieren ist keine Schande, sondern eine große Entlastung.

In unserer durch Gewalt und Brutalität gefährdeten Welt ist ein Kind die personifizierte Hoffnung auf Menschenwürde und auf Frieden. Und der Umgang mit einem Kind ist wie eine Verlockung, den Panzer unserer Abgrenzungs- und Verteidigungsinstinkte abzulegen. Wer sich auf das Leben eines Kindes wirklich einlässt, bekommt eine Ahnung davon, dass Wehrlosigkeit nicht notwendigerweise Schutzlosigkeit bedeutet, sondern in einem tiefen und guten Sinn "entwaffnend" sein kann.

Alle diese Hoffnungen und Einsichten sind in dem Kind von Bethlehem, zu dem die Weisen gefunden haben und vor dem sie niederknien, erfüllt. Ein einzigartiges Kind, ein besonderer Mensch, weil sich in seinem Leben und dann später in seinem Leiden und Sterben Gottes Willen für die Menschen, Gottes Geschichte mit uns zeigt. In einem zeitgenössischen Gedicht ist das so ausgedrückt:

"Geboren unter den Machthabern der Zeit.
Erfasst von den Maßnahmen der Verwaltung.
Preisgegeben an die Verhältnisse der Welt.
Ein Mensch unter Menschen.
Der Mensch unter Menschen.
Unter den Gottlosen Bewährer Gottes.
Unter den Friedlosen Helfer zum Frieden.
Unter den Heillosen Bringer des Heils."
Amen

Passion Jesu – Ein berechenbarer Gott?

Matthäus 20,28 und Markus 10,35-45

Liebe Gemeinde!

Gott gibt jedem von uns, was er verdient, Belohnung oder auch Bestrafung – je nach unserem Verhalten, unseren Taten, unseren Unterlassungen. So denken viele, die von Gott noch etwas erwarten. Für sie soll er ein berechenbarer Gott sein. Aber dann ist er doch ein Gott, den wir uns nach unserem Bilde erschaffen haben, eine Projektion unserer Werte- und Leistungssysteme. Ein Gott, der in seinem Wesen nur widerspiegelt, wie wir miteinander umgehen und was wir vom Leben erwarten.

Wenn du ganz lieb bist, dann bekommst du ein Eis, erfährt das kleine Menschenkind und richtet sich danach. Wenn du dich anstrengst und dich anständig verhältst, dann kann man über einen Ausbildungsplatz reden, hört der heranwachsende Mensch. Leiste was, dann bist du was, wird zum Motto in einer Gesellschaft, die ein Leben nach der erbrachten Leistung einstuft und dabei nur nach dem Nutzwert von Menschen fragt, in jeder Beziehung die Kosten gegen den Nutzen aufrechnet.

Ist das gerecht? Wird das einem Menschen gerecht, der Krankheit erleidet, Verluste in mitmenschlichen Beziehungen erfährt oder den in unserer Gesellschaft immer häufigeren sozialen Abstieg erlebt, weil seine Kräfte den Leistungsanforderungen nicht genügen? Womit hat er das verdient?

Wir kennen diese Frage. Ich habe doch immer versucht, anständig zu leben – und nun die unerwartete Erkrankung! Womit habe ich das verdient? Ich habe mich doch so um einen Arbeitsplatz bemüht, an Umschulungen teilgenommen und Zusatzqualifikationen erworben. Warum habe ich die Stelle nicht bekommen? Womit habe ich das verdient? Ich habe doch ein Leben lang hart gearbeitet, und nun reicht die Rente gerade einmal zur Grundpflege nach Leistungskatalog. Wo bleibt da die Gerechtigkeit in dieser Welt?

Gott gibt jedem von uns, was er verdient. Wenn das wirklich wahr ist, dann bleibt vielen Menschen, vielleicht auch uns nur die bittere Klage über eine ungerechte Welt.

Von Sigmund Freud stammt der Satz: "Die Absicht, dass der Mensch glücklich sei, ist im Plan der Schöpfung nicht enthalten". Realistische, aber auch bittere Erkenntnis eines großen Skeptikers gegenüber allen menschlichen Wunschvorstellungen von Verdienst und Belohnung.

Wenn dann wenigstens auf himmlischen Lohn Verlass wäre! So denken die beiden Jünger, die mit Jesus ein Leben in Armut, Unbehaustheit und Heimatlosigkeit in Kauf genommen haben. Dafür hoffen sie nun auf einen Ausgleich im Reich Gottes. Sie hoffen auf das Glück, an der Herrschaft Jesu – so wie sie es sich in einer jenseitigen himmlischen Herrlichkeit vorstellen – teilnehmen zu können. Aber selbst dieser menschlich-allzu-menschliche Wunsch wird zurückgewiesen. Dann ist es wohl wirklich nichts mit verdienter Belohnung und verdientem Glück, nichts mit einem berechenbaren Gott, der jedem gibt, was er verdient.

Welche Hoffnungen und welche Träume, welche Anstrengungen und welche Investitionen lohnen sich dann überhaupt noch? Jesus gibt eine Antwort, die das gängige, auch seine Jünger noch beherrschende Wertesystem auf den Kopf stellt: Nicht Aufstieg zu einem Glück, das Besitz, Position, Einfluss und Wohlbefinden meint, sondern Abstieg zu den Versagern und Verlierern, Einstieg in ein Leben für andere. Jesus sagt es für seine Person so: "Der Menschensohn ist nicht gekommen, dass er sich dienen lasse, sondern dass er diene und gebe sein Leben als Lösegeld für viele". Nicht der Traum von einer Herrschaft in Herrlichkeit, sondern die Bewährung der Liebe zu den Mitmenschen bis zur Hingabe des eigenen Lebens!

Wir erinnern uns in den Gottesdiensten der Passionszeit an den Sinn des Leidens und Sterbens Jesu. Wir fragen, was es für uns bedeutet. Die Antwort gibt Jesus selbst mit dem Wort vom Lösegeld. Er redet nicht von einem Sühneopfer, das ein gerechter und berechenbarer Gott für die Sünden der Menschen fordert, sondern von einer Art Loskaufgeld, wie man es zu seiner Zeit für Gefangene und Versklavte zahlte, um sie aus ihrer Abhängigkeit zu befreien.

Erinnern wir uns an den Weg Jesu, den er selbst als ein Leben für andere, als Dienen deutet. Es war ein Abstieg zu denen, die unter ihren Mitmenschen, unter der Herrschaft und der Gewalt anderer zu leiden hatten. Es war ein Abstieg zu denen, die vom Druck eines Wertesystems, das nur Leistung und Verdienst kennt, nur Kosten gegen Nutzen aufrechnet, versklavt wurden. Seine Worte und seine Taten waren von der Zuwendung zu denen, die unter einer unverdienten Krankheit litten oder von ihrem Versagen, ihrer Schuld, ihren Ängsten gefangen gehalten wurden, bestimmt.

Sie wollte er aus ihren Abhängigkeiten befreien, ihnen wollte er neuen Lebensraum eröffnen, neuen Mut und neue Hoffnung geben. Und daran hat er bis zuletzt festgehalten. Das hat er noch in der letzten Einsamkeit und im letzten Leiden bewährt.

Nicht weil Gott Sühne fordert, musste Jesus sterben, sondern weil die Mächtigen und Einflussreichen ihr Wertesystem bedroht sahen, weil sein Verhalten ihren

Vorstellungen von einem berechenbaren Gott und einem kalkulierbaren Leben, aber auch vom gängigen Oben und Unten in der Gesellschaft widersprach.

Jesus hat einen anderen Gott den Menschen nahe gebracht, eine andere Qualität von Lebenserfüllung und eine andere Art von mitmenschlichem Zusammenleben.

In der Umgebung Jesu haben sie die Nähe eines Gottes erfahren können, der Liebe gibt, wo sie Zuwendung, Anerkennung und Wertschätzung nicht erwartet hatten, nach gängigen Vorstellungen auch nicht erwarten konnten. Den Abstieg hinunter an den Rand der Gesellschaft hatten sie ja schon hinter sich bringen müssen. Viele, die sich in ihre Ängste und in eine trostlose Einsamkeit zurückgezogen hatten, konnten wieder aufatmen: Das Leben ist noch nicht zu Ende! Dieser Gott, in dessen Augen jedes Leben seinen einzigartigen Wert hat, gibt neue Lebensmöglichkeiten. Jesus hat es gezeigt, hat es vorgelebt.

Andere in ihren Fähigkeiten und in ihren Problemen in den Blick zu nehmen, sich ihnen mit den eigenen Möglichkeiten zuzuwenden, das kann auch glücklich machen und Lebenserfüllung geben. Menschen am Wege Jesu nach Jerusalem, nach Gethsemane und nach Golgatha haben es als eine Befreiung, als Loskauf aus ihren Abhängigkeiten erfahren. Das Wort vom Lösegeld haben sie als Lebenswahrheit begreifen können.

Diese Wahrheit veraltet nicht. Dafür ist Jesus gestorben. In der Erinnerung an sein Leben und an seine Passion, in seinem Geist können Menschen lernen, dass sie sich ihre von Gott gegebene Menschenwürde nicht verdienen müssen; dass sie für Augenblicke unerwarteten Glücks dankbar sein können; dass Lebenserfüllung kein Traum bleibt, wo Liebe gelebt wird.

Die Frage: "Womit habe ich das verdient?" und die Erwartung, für alle Anstrengungen im Leben belohnt und für alles Versagen bestraft zu wenden, relativieren sich, verlieren ihre schmerzhafte Schärfe. Immer und überall Kosten gegen Nutzen aufzurechnen, verbietet sich. Liebe empfangen und Liebe weitergeben – das ist im Sinne dessen, der von sich gesagt hat: "Der Menschensohn ist nicht gekommen, dass er sich dienen lasse, sondern dass er diene und gebe sein Leben als Lösegeld für viele ".

Amen

Ostern - Aufbruch aus der Resignation

Lukas 24, 13-35

Liebe Gemeinde!

Für den, der keine Hoffnung hat, birgt jeder Anfang ein trostloses Ende,
folgt jedem Morgen ein dämmriger Abend, fällt alles Helle in bedrohliches Dunkel.
Auf jeder Meile das Grab einer Hoffnung: ein Weg in die Nacht, ehe der Tag sich neigt.

Hoffnungslosigkeit ist schon eine Art von Tod mitten im Leben: Gestorben die Hoffnungen, begraben die Wünsche, verscharrt die Träume, gekreuzigt die Ideale. So weit kann das gehen, und dann sind der Blick nach vorn in die Zukunft, die Aussicht auf lohnende Wegabschnitte und gelingendes Leben verstellt.

Die beiden Männer aus der Umgebung Jesu, von denen im Osterevangelium des Lukas berichtet wird, erfahren plötzlich am eigenen Leib, wie die Hoffnungslosigkeit alle Lebensregungen ersterben lässt. Sie sind auf dem Weg von Jerusalem nach Emmaus. Aber das ist keine Wanderung mit einem lohnenden Ziel. Es ist eine Flucht. Weg, nur weg von dem Kreuz vor den Toren der Stadt, an dem mit diesem Jesus auch ihre Hoffnung gekreuzigt ist! Weg von dem Ort und weg von den Menschen, weg von der eigenen Vergangenheit!

Aber wer kann schon seiner Vergangenheit entfliehen? Als Last nimmt jeder sie mit auf den Weg, und das macht diese Flucht noch trostloser. Die Hoffnungen und Wünsche, die Träume und Ideale der Vergangenheit münden in die hoffnungslose Erkenntnis von der Macht des Todes, vom Triumph der Gewalt, vom Sieg der Brutalität und von der Niederlage der Liebe. So ist das immer gewesen, so wird es auch bleiben. So funktioniert unsere Welt. Es lohnt sich nicht, dagegen anzuleben. Wer sich für die Liebe und für das Leben engagiert, wird doch scheitern, und diese Last der Resignation drückt schwer.

So denken viele, so denken wohl auch die beiden Jünger auf dem Weg nach Emmaus. Sie sind auf dem Weg in eine trostlose, heillose Resignation: auf jeder Meile das Grab einer Hoffnung, ein Weg in die Nacht, ehe der Tag sich neigt. Die Augen können nur noch in die Dunkelheit starren. Sie sind, wie es in der Erzählung bildhaft ausgedrückt wird, "gehalten". Das Herz, so heißt es, wird träge und müde. Es hat keine Kraft mehr, neue Aufgaben anzupacken, findet sich mit den Niederlagen ab, gewöhnt sich an die Herrschaft von Hass, Gewalt und Unrecht, an die Macht des Todes mitten im Leben.

Diese Gewöhnung macht auch uns zu schaffen. Viele sehen da keinen Ausweg mehr und ziehen sich resigniert zurück. Auch die beiden Männer damals wissen, dass sie allein keinen zukunftsfähigen Weg finden werden.

Aber da ist plötzlich einer neben ihnen, der ihre Resignation gewissermaßen aufbricht. Er fragt und er hört zu. Sie können über das, was ihnen so schwer auf dem Herzen liegt, was ihr Herz so träge und müde macht, reden. Das ist schon eine Erleichterung, und sie spüren das auch. Deshalb bitten sie ihn zu bleiben.

Das ist jedoch noch nicht der Umschwung. Das ist noch kein Grund, wieder zu hoffen, neuen Mut zu fassen, aus Resignation und Hoffnungslosigkeit aufzubrechen.

Den Umschwung deutet der Evangelist an, wenn er erzählt, dass der Fremde, der zunächst nur gefragt und zugehört hat, nun das Gespräch an sich zieht und von sich aus noch einmal auf das schreckliche Ende dieses Jesus von Nazareth lenkt. Seinen Tod, der die Hoffnungen dieser beiden Männer begraben und sie zur

Flucht in die Resignation getrieben hat, deutet er ganz anders – hoffnungsvoll, zukunftsträchtig und Leben erneuernd.

Mit der Frage "musste nicht Christus dies erleiden" lenkt er ihren Blick, der bisher gefangen war von dem Gedanken an das gewalttätige Ende und den alles zerstörenden Tod, in eine andere Richtung. So müsst ihr es sehen, sagt der Fremde: Was dieser Jesus als der von den Propheten verheißene Christus verkündet, getan und gelebt hat, das hat er auch bis zur letzten Konsequenz bewährt. Ja, im Namen und im Auftrag Gottes hat er Versöhnung und Verständigung gegen Hass und Gewalt gesetzt – bis zuletzt. Noch am Kreuz hat er Schuld vergeben und auch seine Gegner in dieses Versprechen einbezogen. "Vater, vergib ihnen", hat er gebetet und so die Kette von Gewalt und Gegengewalt, Schlagen und Zurückschlagen zerrissen – diese Kette, die uns fesselt, ohnmächtig macht und dem gewaltsamen Tod so oft das letzte Wort überlässt.

Das soll nun zu Ende sein. Diese gewaltsame Herrschaft des Todes wird gebrochen. Dafür hat der von Gott Gesandte sich gewissermaßen aufgeopfert und deshalb musste er dies erleiden.

Was die beiden auf ihrer Flucht vor der Vergangenheit in die Resignation als Ende aller Lebensperspektiven meinten akzeptieren zu müssen, erklärt der Fremde ihnen nun als den Beginn eines neuen Weges und das Erwachen einer neuen Hoffnung: Was Jesus verkündigt und gelebt, wofür er sich aufgeopfert hat, das geht weiter!

Die beiden erfahren das, so erzählt der Evangelist, durch eine Geste: das Brotbrechen, wie sie es in der Gemeinschaft mit Jesus als ein besonderes Zeichen der Nähe und Verbundenheit erlebt haben, als Zeichen, dass er – auch unerkannt – bei ihnen bleiben will. Als sie ihn erkennen, verschwindet er. "Begreifen" können sie ihn nicht. Aber in ihrem Herzen bleibt er lebendig, und so verändert er ihr Leben.

Sie können das nur bildhaft zum Ausdruck bringen: "Unser Herz fing an zu brennen". Ja, die Trägheit und Müdigkeit ist plötzlich vorbei und vergessen. Sie wagen es, mit neuem Mut über die dunklen Schatten von Schuld, Zerstörung und Tod zu springen und sich auf einen Weg zu begeben, der ihnen eine neue Zukunft eröffnet.

Dieser Weg führt nicht aus der Welt heraus. Er führt zurück an den Ort ihrer Enttäuschungen, wo ganz sicher auch neue Probleme, neue böse Erfahrungen, auch manche neuen Niederlagen sie erwarten werden. Aber sie brechen auf in der Hoffnung, dass gegen den Augenschein und gegen ihre Befürchtungen weitergeht, was dieser Jesus im Namen Gottes und in seinem Auftrag begonnen hat.

Am Ende der Erzählung von den beiden Jüngern, die nach Emmaus fliehen und dann doch wieder nach Jerusalem zurückgehen, sagen die anderen, mit denen sie wieder zusammentreffen: "Der Herr ist wahrhaftig auferstanden" – von da an das Osterbekenntnis der Kirche. Die beiden Rückkehrer können dieses Bekenntnis nur mit ihren eigenen Erfahrungen umschreiben: als das Wunder einer neuen Blickrichtung und einer neuen Lebensperspektive; als das Geschenk eines Herzens, das plötzlich aus der Erstarrung erwacht und zu brennen beginnt – für das, was Jesus angefangen hat und was jetzt weitergeht, weil Gott es so will. Die beiden können allen Fragen und aller Skepsis nur entgegenhalten: Er war bei uns, als er uns die Schrift auslegte, von der Hoffnung der Propheten sprach und für uns das Brot brach. Wir sind sicher, er bleibt bei uns. Er ist für uns lebendig, weil er uns in Bewegung gebracht hat.

Diese Bewegung setzt sich bis heute fort, bezieht uns ein – Gott sei Dank! An den vielen Wegkreuzungen in unserem Leben, an denen wir uns entscheiden müssen zwischen Gut oder Böse, Wahrheit oder Lüge, Nächstenliebe oder Egoismus, Mut oder Angst, Zuversicht oder Verzweiflung können wir uns für das Leben entscheiden und für alles, was dem Leben dient.

Wohl bleibt es dabei: Für den, der keine Hoffnung hat, birgt jeder Anfang ein trostloses Ende, folgt jedem Morgen ein dämmriger Abend, fällt alles Helle in bedrohliches Dunkel. Aber seit Ostern gibt es Hoffnung, und für den, der hoffen kann, birgt jedes Ende einen tröstlichen Anfang, folgt jedem Abend ein heller Morgen, fällt alles Dunkel in zeitloses Licht.
Amen

Osterzeit - Die Hoffnung ist unser Leben

Johannes 21, 1 – 14

Liebe Gemeinde!

Im Turm der alten Kirche von Holtorf, einem kleinen Ort im niedersächsischen Wendland am Westufer der Elbe, kann man eine etwas verblichene französische Inschrift lesen. Mein Großvater, der in den ersten beiden Jahrzehnten des vorigen Jahrhunderts Pastor dieser Gemeinde war, hatte sie in der Glockenstube entdeckt. "L'éspoir est notre vie" steht da. "Die Hoffnung ist unser Leben" – und darunter: "Corporal Charles Roýé 1811".

Da schreibt vor genau zweihundert Jahren ein französischer Soldat das, was er empfindet, an die Wand eines Kirchturms im besetzten Deutschland. Ich habe es selbst gelesen und ich versuche heute, mich in seine Situation damals zurückzuversetzen.

Die Zeiten sind nicht gut, das erlebt er. Die Zukunft ist dunkel. Sein Kaiser Napoleon will Krieg, das ahnt er. Da hilft nur, an der Hoffnung festzuhalten. Ohne Hoffnung kann niemand leben. Wo die Hoffnung stirbt, gibt der Mensch sich selbst auf. Da ist Gemeinschaft nicht mehr möglich, da wachsen Mutlosigkeit und Resignation. Darum schreibt vor zweihundert Jahren der französische Soldat: "Die Hoffnung ist unser Leben".

Worauf aber mag er gehofft haben? Wenn er, wie sicher viele seiner Kameraden, seine Hoffnung auf den Machtmenschen Napoleon gesetzt hat, dann ist diese Hoffnung im brennenden Moskau gestorben. Wenn er ganz banal darauf gehofft hat, dass alles schon irgendwie weitergeht und gut werden wird, dann wird ihm dieser Optimismus in der grausamen Realität vergangen sein.

Für uns heute liegt das weit zurück – zweihundert Jahre, in denen die Hoffnung auf Menschen und ihre Macht, ihre Herrschaftsvorstellungen und ihre Ideologien, ihre Fähigkeiten und ihr Glaube an die Machbarkeit aller Dinge immer wieder grausam enttäuscht wurde. Auch der Optimismus, dass es schon irgendwie weiter gehen wird, hat nie wirklich getragen und jetzt ist er uns wohl endgültig vergangen.

Ein neuer Grund zur Hoffnung? Der muss schon jenseits unserer Machbarkeit liegen. Ich weiß nicht, ob der Corporal Charles Roýé ohne Schaden an Leib und Seele die schlimmen Zeiten damals überstanden hat, oder ob auch er, wie Millionen andere in den vergangenen zwei Jahrhunderten, ein Opfer von Machtstreben und Machtmissbrauch geworden ist. Aber ich habe an der Wand des Kirchturms von Holtorf gelesen: "Die Hoffnung ist unser Leben". Ich bin sicher, dass ein Mensch, der ein Zeugnis von seiner Hoffnung in einer Kirche hinterlässt, eine andere und weiter reichende Hoffnung meint.

Im ersten Petrusbrief (1,3) wird sie so zum Ausdruck gebracht: "Gelobt sei Gott, der Vater unseres Herrn Jesus Christus, der uns nach seiner großen Barmherzigkeit wiedergeboren hat zu einer lebendigen Hoffnung durch die Auferstehung Jesu Christi von den Toten".

Die Hoffnung ist unser Leben. Ja, wir haben zu Ostern diese Hoffnung gefeiert. Aber nach jedem Festtag beginnt wieder der Alltag. So mag es auch den Jüngern damals ergangen sein. Das letzte Kapitel des Johannes-Evangeliums berichtet davon. Die Jünger haben Ostern erlebt, für sie wirklich eine Art Wiedergeburt zu einer lebendigen Hoffnung. Aber das ist jetzt nur noch Erinnerung. Der Alltag hat sie wieder eingeholt. Sie sind in ihren alten Beruf, ihre alte Lebenswirklichkeit zurückgekehrt. Haben sie ihre Hoffnung mitnehmen können?

Die Schilderung ihres Alltags lässt daran zweifeln. Da zeigen sich wieder Mutlosigkeit und Resignation angesichts alltäglicher Niederlagen. Die gewohnte Arbeit bleibt erfolglos. Alle Mühe ist umsonst. Die Existenzgrundlagen sind unsicher geworden. Das kann sich zu einer Geschichte von Enttäuschten entwickeln, die ihrer lebendigen Hoffnung nur noch in der Erinnerung nachtrauern können. Ich meine z.B. die Erinnerung an den wunderbaren Fischzug, von dem im 5. Kapitel des Lukas-Evangeliums berichtet wird und bei dem das Netz durch die Fülle notwendiger Lebensnahrung riss. Was ist davon geblieben?

Der Fremde, der da im Morgengrauen am Ufer des Sees wartet, legt den Finger auf die Wunde von enttäuschten und hoffnungslosen Fragen, wenn er seinerseits fragt. "Kinder, habt ihr nichts zu essen? "

"Nein, wir haben jetzt nichts mehr zu essen", können sie nur antworten und vielleicht hinzufügen: Was wir zum Leben brauchen, haben wir einmal gehabt. Aber nun stehen wir nach Rückkehr in den Alltag plötzlich mit leeren Händen da.

Eine hoffnungslose Geschichte, in die sich viele einzeichnen können mit ihren eigenen alltäglichen Niederlagen und ihren Zukunftsängsten. Unsere Lebensgrundlagen brechen ein – nicht nur die materiellen, auch die fundamentalen Grundlagen bisheriger Verhaltensmuster und bisheriger Sicherheiten, ewigen Fortschrittsglaubens und immer neuer Wachstumsträume. Das alles ist, wenn wir ehrlich sind, von jetzt an nur noch Erinnerung. Kann es da noch einmal neue Hoffnung geben?

Die alte Geschichte vom tristen Alltag der Jünger nach Ostern gibt eine eindeutige Antwort – nicht nur für die Enttäuschten und Mutlosen damals. Für die Jünger entzündet sich neue Hoffnung an der Aufforderung des Fremden, nicht in den jüngsten Erfahrungen von vergeblicher Anstrengung und erfolglosem Existenzkampf stecken zu bleiben. "Werft das Netz aus, so werdet ihr finden", sagt er. Das ist gegen jede Vernunft. Aber der Mut und das Vertrauen werden nicht enttäuscht. "Da warfen sie das Netz aus und konnten's nicht mehr ziehen wegen der Menge der Fische", heißt es kurz und eindeutig in der alten Erzählung.

Nun wissen sie, dass Jesus wieder bei ihnen ist. Das macht die alte Hoffnung wieder lebendig. Jetzt muss nicht mehr alles vergebens sein. Ein neuer Anfang ist möglich. Der Auferstandene ermöglicht ihn. Das volle Netz wird zum Zeichen für neues, erfülltes Leben, für neuen Lebensmut und neue Lebensgewissheit. Und das Netz zerreißt nicht, wie die Jünger es schon einmal erfahren hatten (Lukas 5, 6).

Die Hoffnung auf gelingendes Leben, auf ein tragfähiges Lebensfundament bricht nicht in sich zusammen. Sie bleibt auch im Alltag nach Ostern. Brot und Fisch sind da – wie schon einmal bei der Speisung der Fünftausend Symbol für genug Lebensnahrung und wie schon einmal Symbol für alles, was Menschen für ein gelingendes Leben brauchen. Und die an das letzte Abendmahl erinnernde neue Gemeinschaft mit Jesus wird zum Bild für seine bleibende Nähe und für eine die Sorgen und Ängste des Alltags überwindende Geborgenheit.

"Siehe, ich bin bei euch alle Tage bis an der Welt Ende" (Matthäus 28,20). Dieses Versprechen wird die Jünger begleiten, wenn sie in seinem Geist weitergeben, was sie durch Jesus erfahren haben: Befreiung aus den lähmenden Gesetzmäßigkeiten eines Denkens, das nur um die eigenen Nöte, Wünsche und Bedürfnisse kreist; Begleitung vom Vertrauen auf die Liebe Gottes und von der Herausforderung zur Nächstenliebe; ein Leben mit der Hoffnung, dass es sich lohnt, diese Herausforderung auch im alltäglichen Einerlei anzunehmen.

Die Erscheinungen des Auferstandenen, wie die Jünger eine am See bei Tiberias erlebt haben, werden wieder zur Erinnerung. Aber der Geist Jesu bleibt. Wo sie ihn jeden Tag neu erfahren, tun sich auch neue Wege auf.

Wir schauen nach neuen Wegen aus, weil uns die alten Sicherheiten verloren gehen und die alten Denkmuster nicht mehr weiter helfen. Die Geschichte von Ostern im Alltag der Jünger öffnet sich für unseren eigenen Alltag. Die Nähe des Auferstandenen ist erfahrbar, wo Menschen in seinem Geist den Mut finden, gegen die Todesmächte von Ich-Bezogenheit, Unbarmherzigkeit, Macht und Geldgier anzugehen. Ostern ereignet sich immer neu, wenn Menschen Gott vertrauen und ihn wieder als Schöpfer des Lebens anerkennen, wenn sie als Sachwalter der Schöpfung und des Lebens handeln. Da zeigen sich neue Möglichkeiten des Glaubens, neue Aufgaben und Perspektiven eines neuen Denkens – eines Denkens für andere und für alles, was menschenwürdiges Leben und gewaltfreies Zusammenleben ermöglicht. Es kann dabei bleiben: Die Hoffnung ist unser Leben. Gott sei Dank!
Amen

Pfingsten - Begeistert und doch nüchtern

Johannes 14, 26- 27 und Apostelgeschichte 2

Liebe Gemeinde!
"Wenn die Fahne fliegt, ist der Verstand in der Trompete", sagt ein altes ukrainisches Sprichwort. Ein Bild aus früheren Zeiten – aber wir können es uns durchaus vorstellen. Schließlich haben manche von uns es selbst noch gesungen: "Unsere Fahne flattert uns voran. Mit uns zieht die neue Zeit". Da ist man doch bereit, alles stehen und liegen zu lassen, um dem Ruf der heiligen Pflicht zu gehorchen. Da fühlt man sich doch aus allen bisherigen Bindungen heraus- und emporgehoben. Wir sagen dann: ein heiliger Schauer läuft einem über den Rücken. Wir sind einfach begeistert.

Damals hat ein ganzes Volk, unser Volk, vor Begeisterung über die vom "Führer" und seiner Partei versprochene Zukunft die Realität nicht mehr wahrgenommen. Aber das gibt es auch heute noch. Wirkliche Begeisterung kennt plötzlich keine vernünftigen Erwägungen mehr. Kritische Einwände werden beiseite gefegt. Es ist schon so, wie das Sprichwort sagt: "Wenn die Fahne fliegt, ist der Verstand in der Trompete".

Aber brauchen wir das nicht von Zeit zu Zeit? Müssen wir nicht ab und an die alltäglichen Sorgen und Ängste hinter uns lassen, uns selbst herausreißen aus den Sachzwängen, uns vom Funken eines anderen Geistes anstecken, begeistern lassen? Diese Sehnsucht kennen wir doch durchaus, und wir ahnen auch: Ohne Begeisterung bekommen die Sorgen um die tägliche Existenzsicherung und die Bewahrung des Lebensstandards, das Streben nach Einfluss und Ansehen und die Angst vor Versagen im Konkurrenzkampf ein solches Gewicht, dass sie sich bleischwer auf unser Herz legen und jede Hoffnung zu ersticken drohen.

Aus geistloser Diesseitigkeit heraus eintauchen in eine – ja vielleicht doch jenseitige – Begeisterung. Unzählige junge Menschen suchen das, und so tauchen sie eben ein in die Flut der Musik, der Lichteffekte, der heißen Rhythmen, der ohrenbetäubenden Bässe. Dann sind sie begeistert- zusammen mit vielen anderen, die sich von den gleichen Rhythmen anstecken lassen.

Und was spielt sich in unseren Fußballstadien ab? Man könnte das ukrainische Sprichwort abwandeln: Wenn der Ball fliegt, ist der Verstand in der Vuvuzela. Fangemeinschaften bilden sich, jubeln, wenn die eigene Mannschaft im Vorteil ist; pfeifen und grölen, wenn die gegnerische Mannschaft Tore schießt oder wenn sie mit Entscheidungen des Schiedsrichters nicht einverstanden sind. Begeisterung, die zusammenschließt und Gleichgesinntheit schafft; Begeisterung, die schnell in Gewalt umschlagen, die anderen bedrohen und gefährden, unfassbare Zerstörungen bewirken kann. Die Montagsausgaben unserer Tageszeitungen berichten davon.

Massenbegeisterung zieht viele an und schreckt andere ab. Zu allen Zeiten haben Ideologen und Verführer noch jede Begeisterung für ihre Zwecke ausgenutzt. Und die Folgen waren immer die gleichen: Ausgrenzung der anderen, Gewalt gegen alle, die nicht mitmachen wollen. Da wird plötzlich aus einem angeblich göttlichen Funken, der Sorgen und Ängste für einen Augenblick vergessen lässt, ein verzehrendes Feuer, das die Andersdenkenden bedroht. Sie haben dann allen Grund, sich zu fürchten.

Die alte Pfingstgeschichte redet auch von Begeisterung und begeisterten Menschen. Und doch war damals in Jerusalem am Ende eine ganz andere Begeisterung zu spüren, als wir sie sonst kennen.

Jesus war nicht mehr da, aber er hatte den Seinen versprochen, für immer durch Gottes Geist gegenwärtig zu sein. Und nun waren am Pfingsttag die Apostel zusammengekommen. "Alle waren an einem Ort beieinander", berichtet die Apostelgeschichte. Sie redet von "Zungen zerteilt wie von Feuer", die über ihnen zu sehen waren. Sie redet auch davon, dass sie anfingen, "in anderen Sprachen zu predigen, wie der Geist ihnen gab auszusprechen". Nur ein Rausch, der schnell wieder verflogen ist? Nur ein ekstatisches Geschrei in vielen Sprachen, die dann doch niemand verstehen konnte? Oder vielleicht auch eine Begeisterung, die leicht in Aggressionen gegen alle anderen übergehen konnte? Mussten die sich nun vor diesem verzehrenden Feuer fürchten?

Nein, denn die pfingstliche Begeisterung der ersten Christen ging in eine Predigt über, die ihr Sprecher, der Apostel Petrus, allen hielt, die sich da versammelt hatten. Seine Predigt vermittelte eine klare und jedermann verständliche Botschaft: den Hinweis auf Jesus Christus, angekündigt durch die Propheten, von Gott ausgewiesen als sein Beauftragter durch Taten und Zeichen, gestorben, aber "nicht dem Tod überlassen". "So wisse nun das ganze Haus Israel gewiss", hat Petrus seine Predigt beendet, "dass Gott diesen Jesus, den ihr gekreuzigt habt, zum Herrn und Christus gemacht hat". Sein Geist ist lebendig und wirksam, "wie ihr hier seht und hört". Das verstanden alle. "Es ging ihnen durchs Herz", heißt es in der Pfingstgeschichte. Sie verstanden sich auch untereinander trotz verschiedener Sprachen.

"Die nun sein Wort annahmen, ließen sich taufen; und an diesem Tag wurden hinzugefügt etwa dreitausend Menschen", heißt es weiter. Die erste christliche Gemeinde hatte sich zusammengefunden – eine Wirkung des Geistes, den die Christen in ihrem Glaubensbekenntnis von da an den "Heiligen Geist" nennen.

Jesus hat diesen neuen Geist vor seinem Abschied angekündigt. "Der Tröster", hat er gesagt, "der Heilige Geist, den mein Vater senden wird in meinem Namen, der wird euch alles lehren und euch an alles erinnern, was ich gesagt habe".

Eine nüchterne Rückbesinnung wird da in Aussicht gestellt und gleichzeitig angemahnt. Das wäre dann - damals wie heute - die Wirkung des Geistes Gottes: Sich in der Erinnerung an Jesu Worte und sein Handeln sagen lassen, was wir und unsre Welt brauchen.

Eine ekstatische Begeisterung jedenfalls, die dem Alltag entfliehen will und dabei nur um die eigene Befindlichkeit kreist, brauchen wir nicht. Statt dessen könnten wir - wie Jesus und in seinem Auftrag - uns anderen zuwenden, gerade die wahrnehmen, die sich selbst nicht bemerkbar machen können mit ihren Ängsten, ihren Schmerzen, ihrem Hunger nach Brot, nach Anerkennung und nach Gerechtigkeit; an die denken, die sonst vergessen werden.

Eine fundamentalistische Begeisterung, die den Glauben als Schutzschild benutzt, um sich selbst gegen alle anderen Einflüsse abzuschirmen und die ihre eigene religiöse Überzeugung als Waffe einsetzt, um Andersdenkende und Andersfühlende zu bekämpfen, die brauchen wir nicht. Was wir brauchen ist: dem Hass absagen, Verständigung ermöglichen und Versöhnung leben.

Die alte Pfingstgeschichte redet davon, dass Gottes Geist alle, die sich von ihm anrühren lassen, die gleiche Sprache sprechen und einander verstehen lässt: eine neue Verständigungsbereitschaft trotz politischer, gesellschaftlicher und kultureller Unterschiede. Das hat damals seine Wirkung gehabt, und das braucht unsere Welt heute.

Wenn wir uns von diesem Geist Gottes anstecken lassen, dann werden wir nicht in eine Begeisterung eintauchen, die den Verstand zurücklässt. Wir werden vielmehr in der Erinnerung an Jesu Worte und sein Handeln gegen die destruktiven Kräfte einer falschen Begeisterung angehen, so gut wir das vermögen.

Ist das eine Überforderung? Nein, denn allen, die sich von Gottes Geist leiten lassen, hat Jesus Frieden zugesagt: "Den Frieden lasse ich euch, meinen Frieden gebe ich euch", hat er versprochen.

Wer hier meint, nur abfällig von einem Seelenfrieden der Frommen reden zu können, der übersieht, dass dieser Friede einschließt, was wir zum Leben brauchen: die Zusage der Nähe und Begleitung Gottes, die Geborgenheit vermitteln und Orientierung geben kann, um neue zukunftsfähige Wege zu finden. In diesen Frieden gehören die anderen neben uns durchaus mit hinein. Da wird Gemeinschaft möglich ohne Ausgrenzung.

Geglückte Gemeinschaft - solche Hoffnungszeichen braucht unsere Welt. Sich dafür zu begeistern mit Zuversicht im Herzen, mit offenen Augen und Ohren für die Nöte unserer Mitmenschen und mit einem klaren Kopf für das, was getan werden kann und getan werden muss, dazu lädt Pfingsten ein.
Amen

Erntedankfest - Angewiesen auf Gott

Einweihung des Glockenturms der Marktkirche zum Heiligen Geist in Clausthal am Erntedankfest 2008

Hebräer 13, 15 – 16

Liebe Gemeinde!

Der Junge steht am Fenster und blickt auf die Kirche gegenüber. Die Schalltüren am gewaltigen Glockenturm öffnen sich. Die Glocken beginnen zu läuten. Etwas später hört er vom Hindenburgplatz her die Kurrende singend die Adolf-Römer-Straße herabkommen. Der Junge am Fenster nimmt das alles begierig in sich auf und wartet nun auf den Großvater, der den Schlüssel zum Kirchturm nimmt und dann mit dem Jungen hinüber geht zum Sonntagsgottesdienst in die Marktkirche zum Heiligen Geist.

Der Junge geht gern mit, schließlich ist das Innere der Kirche so weiträumig und so prächtig. Außerdem darf er ja im Familiengestühl ganz hinten in der Kirche sitzen – auf einem gepolsterten Stuhl aus dem Haus der Großeltern. Er hört die Musik der gewaltigen Orgel, die er sehen kann, und er hört wohl auch die Predigt von der hohen Kanzel. Aber ob er alles versteht? Es gibt doch so viel zu beobachten. Für den Jungen ist es die größte und schönste Kirche, die er sich vorstellen kann.

Das sind meine eigenen Kindheitserinnerungen, die mich immer begleitet haben.

Nun habe ich im Nachlass meines Vaters ein kleines und abgegriffenes Heft gefunden: "Die Marktkirche zu Clausthal im Oberharz 1912". Da schreibt zu Beginn des 20. Jahrhunderts anlässlich des 270jährigen Kirchbaujubiläums der damalige Clausthaler Superintendent Bornemann:

"Deutschlands größte Holzkirche, von außen den Beschauer gar eigen anmutend: Zwei große, zweistöckige Treppenhäuser als Vorbauten und vor dem Dachreiter mit der Uhr und zwei kleinen Glocken der eigentliche Glockenturm mit drei großen und einer kleinen Glocke, der Kirche vorgebaut, aber oben Dachreiter und Glockenturm in gleicher Höhe, ebenbürtig hintereinander – so bietet die Clausthaler Marktkirche ein seltsam Bild.
Aber wer die Unbill des Oberharzer Winters kennt, der versteht, dass auch die Kirche wie die Menschen eines Wettermantels bedarf und dreifacher Türen. Mancher Wandersmann hat leichthin urteilend über diesen Kirchenbau gespottet. Aber nein, er ist ein rechtes Beispiel bodenständiger Kunst und hat unseren Kirchbaumeistern von heute noch manches zu sagen."

Ja, diese Aussage des Superintendenten von 1912 und die Bewunderung des Jungen etwa 30 Jahre später haben bis heute ihre Berechtigung behalten. Aber die Unbill der Oberharzer Winter, von der eben die Rede war, hat schließlich doch ihren Tribut gefordert. Wir alle haben es schmerzlich erfahren, als der Glockenturm baufällig wurde und abgetragen werden musste. Doch die Erfahrung, die Kunst und das handwerkliche Können der Kirchenbaumeister von heute haben ihn – weitgehend mit Originalhölzern – wieder erstehen lassen und der Clausthaler Kirche das vertraute Aussehen und die alte, bodenständige Schönheit zurückgegeben. Heute haben wir allen Anlass, diesen festlichen Gottesdienst als einen Dankgottesdienst zu feiern.

Viele von uns werden eben das große Glockengeläut mit Bewegung gehört haben. Was 1637 begann und über Jahrhunderte das Leben der Menschen in dieser Oberharzer Bergstadt begleitet hat, was dann wegen der Materialschäden unterbrochen werden musste, darf heute noch einmal beginnen. Die Erinnerungen vieler an das Geläut dieser Kirche, auch meine Kindheitserinnerungen können lebendig bleiben. Der Glockenturm steht wieder. Dafür ist die Kirchengemeinde dankbar und darüber freut sich auch die ganze Stadt.

Der Dank gebührt allen, die mit viel Engagement die Wiedererrichtung des Glockenturms initiiert, geplant, mit Sachverstand, Umsicht und Tatkraft ausgeführt und durch finanzielle Unterstützung, auch mit ganz persönlichen Spenden ermöglicht haben. Wir danken in diesem Gottesdienst heute am Erntedankfest nun aber vor allem Gott. Das Große Geläut, der geschmückte Altar, die festliche Kirchenmusik sollen diesen Dank zum Ausdruck bringen.

Nicht nur Menschen, sondern Gott danken – damit tun sich heute viele in unserer Gesellschaft schwer. Sie können in unserer durchtechnisierten und global industrialisierten Welt auch einem Erntedankfest wenig abgewinnen. Sie gehen schließlich ganz selbstverständlich davon aus, dass wir alles, was wir zum Leben brauchen, auch ohne göttlichen Beistand produzieren können. Ob die Wiedererrichtung eines von witterungsbedingter Zerstörung bedrohten Glockenturms oder die Sicherung all dessen, was wir als "unser täglich Brot" umschreiben – es hängt allein von menschlicher Tüchtigkeit, von menschlicher Organisation und vom Funktionieren der von Menschen geschaffenen und gesteuerten Maschinen ab. Nicht wenige glauben inzwischen, das Leben selbst sei machbar und es ginge nur darum, alles das, was gemacht und produziert wird, auch zum eigenen Vorteil zu gebrauchen und zu konsumieren. Wem also danken?

Aber wir erfahren doch gleichzeitig die dunkle Kehrseite des Glaubensbekenntnisses, alles sei machbar. Wir sehen die brutale Herrschaft des Marktes sich ausweiten und begegnen einem hemmungslosen Egoismus, der sich am Markt durchsetzt und das soziale Gleichgewicht zu zerstören droht. Da fallen Menschen aus dem Arbeits- und Produktionsprozess heraus, weil rationalisiert werden muss, um weiter produzieren und höheren Profit erzielen zu können. Da sollen nicht nur menschliche Grundbedürfnisse befriedigt, sondern mit allen Mitteln aggressiver Werbung neue Bedürfnisse geweckt werden.

Wir glauben, alles sei machbar. Aber glauben wir denn auch im Ernst, Lebensglück und Lebenserfüllung seien da zu finden, wo Menschen im Lebensgenuss immer rastloser werden oder im Konkurrenzkampf immer selbstbezogener handeln? Verbirgt sich nicht hinter Lebensgier und Erfolgsdrang eine Leben zerstörende Angst? Ich meine die Angst, etwas zu versäumen und nicht genug zu bekommen; die Angst, den Anschluss zu verpassen und zum Verlierer zu werden.

In einer großen deutschen Tageszeitung habe ich gelesen, die Angst sei das Grundgefühl unserer Zeit. Dem sprunghaften Anstieg unseres Wissens und Könnens stehe ein Aufstand der Angstgefühle gegenüber. Dieser Aufstand wäre dann letzten Endes die Kehrseite eines Machbarkeitsglaubens, der zum Machbarkeitswahn wird.

Vielleicht ist es da doch gut, am Erntedankfest durch den uralten Hinweis auf Saat und Ernte, auf die Arbeit von Menschen und die Hoffnung auf Erfüllung der Bitte um das tägliche Brot an bleibende Abhängigkeiten des Menschen erinnert zu werden. Trotz allen Fortschritts in Wissenschaft und Technik, trotz aller Tüchtigkeit in industrieller Produktion bleiben wir mit ganz elementaren Lebenszusammenhängen von Gott, dem Schöpfer des Lebens, abhängig.

Gerade da, wo wir die Kehrseite unseres Machbarkeitswahns sehen und erleben, muss wieder ein Verständnis dafür wachsen, dass unser Leben auf Gott bezogen bleibt und dass Lebenserfüllung von dieser Gottesbeziehung abhängt.

Der Naturwissenschaftler und Philosoph Carl Friedrich von Weizsäcker hat es so zum Ausdruck gebracht: "Die tiefste Erfahrung vom Gelingen menschlichen

Lebens ist nicht die Erfahrung von eigener Macht sondern von Gnade. Die tiefste Erfahrung des Menschen ist (angewiesen zu sein auf) Gott". Daran sich zu erinnern und dafür auch dankbar zu sein, mag vielen unmodern erscheinen. Aber es bleibt notwendig für gelingendes Leben und menschenwürdiges Zusammenleben.

Über mehr als dreieinhalb Jahrhunderte haben Generationen aus den Gottesdiensten in dieser Kirche, eingeladen durch das Geläut der Glocken, die Überzeugung mitgenommen, dass Gott uns das, was wir zur Lebenserfüllung und zum Lebensglück brauchen, auch zukommen lässt.

Carl Friedrich von Weizsäcker nennt es Gnade und damit öffnet er einen weiten Lebenshorizont: Es ist gut zu leben im Vertrauen auf die Nähe und die Begleitung durch eine Macht, die über unsere Möglichkeiten des Könnens und Machens hinaus Leben schenkt und erhält. Es ist gut, zu leben im Vertrauen auf Liebe, die uns in Misserfolgen und Verlustängsten auffängt und trägt. Es ist gut, zu leben im Vertrauen auf die Möglichkeit, trotz Versagens und auch Schuld immer wieder neue Anfänge wagen zu können. Dafür Gott zu danken sollte eigentlich selbstverständlich sein.

Der Verfasser des Hebräerbriefs weitet den Dank aus, wenn er dem Lobopfer der Lippen, die Gottes Namen bekennen, die Aufforderung hinzufügt, im Geist Christi Gutes zu tun und mit anderen zu teilen, mit dem Herzen und mit der Tat Gott ein Lobopfer darzubringen.

Frühere Generationen haben ganz selbstverständlich mit solchen Erinnerungen und von ihnen gelebt. Sonst wäre dieser Glockenturm mitten in der Schreckenszeit des 30jährigen Krieges wohl kaum errichtet, wäre diese gewaltige Holzkirche wohl kaum gebaut und so schön ausgestaltet worden.

Die Clausthaler Gemeinde damals hat ihrer Kirche den Namen "Marktkirche zum Heiligen Geist" gegeben. Mitten in einer Zeit des Unfriedens, brutaler Gewalttätigkeit und lähmender Angst sollte der Name zugleich ein Zeichen der Hoffnung sein. Von dieser Kirche, das haben sie in Clausthal wohl damals gewollt, sollte ein anderer Geist ausgehen als der schreckliche Ungeist, unter dem das Land und auch die Menschen hier auf dem Harz zu leiden hatten.

Der Geist Jesu sollte ihnen Mut machen und sie herausfordern zur Bewahrung von Menschlichkeit und zur Bewährung von Mitmenschlichkeit. Daran erinnern wir uns heute.

Lassen Sie uns die Geschichte dieser Marktkirche zum Heiligen Geist als ein Vermächtnis und die Wiedererrichtung des Glockenturms als eine Verpflichtung verstehen, für das zu danken, was Gott uns gibt, und im Geist Christi nicht vergessen, Gutes zu tun und mit anderen zu teilen. Da wird Dankbarkeit zur Zukunftsorientierung – für diese Gemeinde und für diese Stadt.
Amen

Reformationsfest - Lebensgrundlage

Gottesdienst mit Taufe

1. Korinther 3,11

Liebe Gemeinde,

Jeder Mensch braucht eine Gemeinschaft, in der er geborgen ist, in der er Glück erleben und Freude teilen kann, in der er dankbar erfährt, dass andere die eigenen Ängste und Sorgen mit ihm zusammen ernst nehmen, vielleicht auch mitfühlen, wenn sich plötzlich das eigene Leben verdunkelt. Jeder Mensch braucht eine Gemeinschaft, in der er sich neu orientieren kann, wenn der Weg in die Zukunft unsicher wird, der weite Horizont verschwimmt, wenn sich Selbstzweifel regen, Niederlagen und Zukunftsangst das Selbstvertrauen zerstören.

Jeder Mensch braucht eine Heimat, auch eine geistige Heimat. Wer sie nicht gefunden hat, der wird nirgendwo heimisch, wo er auch lebt, mit wie viel Annehmlichkeiten und Komfort er sich auch umgibt.

"Heimat ist da, wo ich mich nicht erklären muss", hat der Theologe, Philosoph und Dichter Johann Gottlieb Herder gesagt. Wo ich mich nicht erklären, wo ich mich nicht ständig rechtfertigen und meinen Weg immer aufs Neue beweisen muss, da kann ich geborgen sein. Wo ich trotz meiner Defizite und Niederlagen anerkannt werde, wo mir meine Menschenwürde garantiert wird und ich meine Überzeugungen leben kann, da habe ich auch Heimatrecht.

Von ihrem Auftrag her will unsere Kirche solch eine Heimat bieten. Jede Gemeinde will in eine Gemeinschaft einladen, in der die Menschen sich nicht erklären, sich nicht rechtfertigen müssen, mit welchen Erfolgen, Defiziten und Niederlagen sie auch kommen.

Wir erleben in diesem Gottesdienst die Taufe eines kleinen Menschenkindes. Es wird durch seine Taufe in die Gemeinschaft der christlichen Kirche aufgenommen. Es bekommt Heimatrecht in dieser Gemeinschaft.

Die Geborgenheit, in der ein Mensch aufwachsen darf, die er auch braucht, um den Weg ins Leben zu finden, wird dieses Kind in seiner Familie haben. Die Paten werden ihr Teil dazu beitragen. Wir alle wünschen ihm, dass sein Weg ein glücklicher und guter Weg sein wird.

Das Angebot, das ihm in der Taufe gemacht wird, greift weiter. Es zielt auf eine geistige Heimat und auf ein Heimatrecht, das dieses Kind auf allen Wegen, die es gehen darf oder gehen muss, in jedem Augenblick seines Lebens beanspruchen kann.

Heimat ist da, wo ich mich nicht erklären muss, wo ich mich mit meinen Kräften und Fähigkeiten entfalten kann, ohne mich vor mir selbst und anderen ständig beweisen zu müssen. In unserer Gesellschaft aber erfahren wir das ganz anders. Nicht Entfaltung der Persönlichkeit zählt, sondern Leistung, die erbracht werden muss und gnadenlos beurteilt wird. Das beginnt schon in der Ausbildung und setzt sich im Berufsleben fort. Wer da nicht mithalten kann, bleibt zurück, bleibt vielleicht auf der Strecke – und das werden in unserer Gesellschaft immer mehr.

Der Glaube, der Wert eines Menschen hinge letzten Endes allein an seiner Leistung, bedeutet eben eine maßlose Überforderung, die Angst auslöst, krank macht, Ohnmacht und Resignation wachsen lässt. Da braucht jeder Mensch wirklich eine Heimat, in der er sich nicht erklären muss, in der eine andere Überzeugung gilt und gelebt wird, in der er eine tragfähige Lebensgrundlage findet, ein Fundament, auf dem er aufbauen kann, um Lebenssinn und Lebenserfüllung zu finden.

Natürlich geht das nicht ohne eigenes Engagement, nicht ohne eigene Leistung. Auch unser Täufling wird in seinem Leben Leistungen erbringen müssen – in der Schule, im Beruf, in unserer Gesellschaft. Aber der Wert seines Lebens soll eben nicht an seinen Leistungen und auch nicht an möglichen Niederlagen gemessen werden. Lebenssinn und Lebenserfüllung sind nicht an Erfolge oder Versagen geknüpft, sondern an Gottes Begleitung des Lebensweges, an von Gott gegebene Werte und Gebote.

Dieser Gottesdienst hat zwei besondere Akzente: einmal die Taufe und zum anderen die Erinnerung an die Reformation, die Erinnerung an das Erbe Martin Luthers.

Was muss ich tun, damit ich mir Gott gnädig stimme, hatte Martin Luther lange gefragt. Der Hinweis seiner Kirche auf die guten Werke und auf das Geflecht religiöser Leistungen und Verdienste hatte ihn nicht trösten und beruhigen können. Schon damals war das Leistungsprinzip eine Lebensgrundlage, die als von Gott gegeben akzeptiert werden musste. Man nahm um der Selbsterhaltung der Kirche willen in Kauf, dass Menschen mit ihren Fragen und Ängsten daran scheitern mussten. Dagegen hatte sich Luther aufgelehnt und in seinem Neuen Testament nach neuen Antworten gesucht. Der Apostel Paulus hat Luther schließlich zu einem neuen Gottesverständnis verholfen: Einen anderen Grund, ein anderes Lebensfundament, kann niemand legen als das, das schon gelegt ist, nämlich Jesus Christus.

Für Luther hieß das: durch die Botschaft Christi und durch sein Leben für andere erkennen wir, was unser Leben trägt, was ihm seinen Sinn gibt, woran wir uns halten und worauf wir uns verlassen können. Christus hat Gott "Vater" genannt und hat den Menschen, denen er begegnete, einen Gott der Liebe verkündigt und nahe gebracht, einen Gott, der die Menschen sucht, sie seine Nähe und Begleitung spüren lassen will. Ich erinnere an den Taufspruch für dieses Kind, der das in einem Bild zum Ausdruck bringt. Da wendet sich der Dichter und Beter des 139. Psalms an diesen Gott und sagt: "Von allen Seiten umgibst du mich und hältst deine Hand über mir." Ein wunderbares Bild für Geborgenheit und Schutz, ein Bild, das Vertrauen weckt und wachsen lässt.

Wenn Christus sagt – wir haben es gehört: "Lasst die Kinder zu mir kommen", dann will er gerade ihnen Gottes Schutz und Begleitung zusagen; heute auch diesem Kind in der Taufe. In dieser Geborgenheit kann es seinen Lebensweg gehen, sich mit seinen Kräften und Fähigkeiten entfalten, Selbstvertrauen wagen und aus diesem Vertrauen jeden Tag neuen Lebensmut schöpfen – eine gute Lebensgrundlage.

Wenn wir unsere Lebensgrundlage selbst zusammenbauen wollen mit unserem Glauben an Leistung und Erfolg, an die Machbarkeit aller Dinge, dann werden wir immer wieder scheitern oder auch anderen Menschen schaden. Und daran krankt unsere Gesellschaft.

Martin Luther hat sich an die Botschaft Christi gehalten, der den Menschen Gottes Liebe nahebringen und ihre Verantwortung vor Gott und für die Mitmenschen in der Befolgung der Gebote Gottes herausfordern wollte. Christus ist auf die Menschen zugegangen und hat sie spüren lassen, dass Gott ihrem Leben unabhängig von ihren Leistungen und ihrem Versagen einen einzigartigen Wert und eine unzerstörbare Würde gibt. Vergebung der Schuld hat er ihnen in Gottes Namen zugesagt und die Chance eines neuen Anfangs hat er ihnen ermöglicht. Gottes Gebote hat er nicht als eine Bedrohung mit der ständigen Angst vor Verurteilung und Strafe verstanden. Gott will ja mit diesen Geboten Leben schützen und fördern, Gemeinschaft ermöglichen. Dafür steht Christus ein und so ist er –

das wollte Luther betonen – mit seiner Botschaft der Liebe und der Mitmenschlichkeit eine gute und verlässliche Lebensgrundlage. Er ist mit seinem Gebot der Nächstenliebe dann auch der Grund für geglücktes mitmenschliches Zusammenleben. Und das braucht unsere Gesellschaft.

"Einen anderen Grund kann niemand legen, als den, der gelegt ist, Jesus Christus." Auf diesem Fundament können wir aufbauen. Da lernen wir, unser Leben jeden Tag neu als Geschenk Gottes zu begreifen. Da lernen wir auch, mit unserem Leben verantwortlich umzugehen. Solch ein Lernen ist das Vermächtnis der Reformation – ein Erbe, von dem unsere Kirche, von dem jede Gemeinde lebt. Da kann die Kirche, da kann auch diese Gemeinde für einen Menschen die Heimat sein, die er braucht.
Amen

Predigt in die Zeit – Bilanz nach 50 Jahren

50jähriges Ordinationsjubiläum Palmarum 2012

2. Mose 19, 1-5

Liebe Gemeinde!

Wer macht sich schon gern auf den Weg in eine dunkle und zunehmend unberechenbare Zukunft? Lieber bleiben wir doch, wo wir sind und halten fest, was wir haben: erworbene Rechte und Besitzstände, wirtschaftliche Sicherheit, technische Errungenschaften, liebgewordene Lebensgewohnheiten.

Aber es gibt kein Verweilen in dem, was ist, und niemand kann nur vom Festhalten leben – keiner von uns und keine Gemeinschaft von Menschen. Die Dynamik der Veränderungen, denen wir ausgesetzt sind, zieht uns mit. Die Entwicklung aller Lebensbereiche geht weiter, und wir können nicht stehen bleiben. Ständiger Aufbruch ist gefordert. Aber gleichzeitig bedrängt uns die Gewissheit: Es kommen härtere Zeiten.

Die Veränderungen, die unser Leben und unser Zusammenleben immer intensiver und in immer kürzeren Abständen massiv beeinflussen, sind zunächst durchaus Fortschritte, die wir ja auch begrüßt und zu unserem Vorteil genutzt haben.

So haben wir die friedliche Nutzung der Atomenergie lange Zeit für lebensnotwendig und zukunftsträchtig gehalten. Wir haben von dieser neuen Technik durchaus profitiert. Aber seit Tschernobyl und Fukushima sehen wir auch die riesigen Gefahren und fürchten eine Zerstörung von Leben und Umwelt. Wie geht das weiter?

Wir erleben dankbar und hoffnungsvoll viele Fortschritte der medizinischen Wissenschaft, aber wir sehen auch die Gefahren, wenn z.B. die Gentechnik

Menschen in die Lage versetzt, Leben zu schaffen, zu verändern, zu manipulieren. Das kann doch nicht gut gehen.

Die Globalisierung unserer Wirtschaft hat uns hier in Deutschland viele Vorteile gebracht. Aber inzwischen zeigt sie ihr egoistisches Gesicht. Verwüstet nicht schon jetzt die Gier nach dem schnellen Geld unsere Volkswirtschaft? Verwüstet sie nicht auch mitmenschliches und gesellschaftliches Zusammenleben?

Ein letztes Beispiel: Es ist gut und sicher auch ein Fortschritt, dass junge Menschen heute geradezu spielend lernen, Computer zu bedienen. Wer in Ausbildung und Berufswelt die geforderten Leistungen erbringen will, muss in unserer digitalen Medienwelt zu Hause sein, sich auskennen und sich dieser Medien auch bedienen können.

Aber verengen sich die Freizeitaktivitäten der Jugendlichen nicht mehr und mehr auf das Bedienen der Tastaturen von PC, Handy, iPad? Da wird dann nur noch konsumiert. Unzählige Bekanntschaften werden über die sogenannten sozialen Netzwerke geschlossen. Man sammelt Freunde, wie wir früher Briefmarken gesammelt haben. Jeder ist stolz auf die Anzahl virtueller Freundschaften. Aber zu wirklichen Begegnungen lebendiger Menschen kommt es nicht oder nur sehr selten. Und die Erfahrung von Gemeinschaft kann man nicht vor dem Bildschirm machen.

Das Tempo dieser Entwicklungen – wir erfahren es alle – steigert sich stetig. Unser Lebensstil und alle mitmenschlichen Beziehungen sind in den Sog dieser Beschleunigung geraten. Die familiären und die sozialen Bindungen sind kurzlebiger geworden und die beruflichen Biographien nahezu unvorhersehbar. Viele von uns, vor allem die Älteren, haben längst den Überblick verloren. Orientierungslosigkeit macht sich breit.

"Es kommen härtere Tage.
Die auf Widerruf gestundete Zeit wird sichtbar am Horizont...
Sieh dich nicht um. Schnür deinen Schuh. Jag die Hunde zurück.
Es kommen härtere Tage. "

Die Dichterin Ingeborg Bachmann hat schon vor Jahren geahnt, was uns erwartet. Es kommen härtere Tage, aber trotz dieser Zukunftsaussichten gibt es kein Stehenbleiben. Ingeborg Bachmann hat Recht, wenn sie den entschlossenen Aufbruch fordert: Schnür deinen Schuh, jag die Hunde zurück, die dich und deine Besitzstände bewachen. Du musst allein ohne Schutz und Begleitung weiter gehen – auf einen Horizont zu, der dir anzeigt: deine Zeit ist endlich, ist dir auf Widerruf gestundet. Nutze sie! Schnür deinen Schuh und geh! Aber sieh dich nicht um!

Wer kann das schon, wenn er den Überblick verloren und keine Orientierungszeichen mehr im Blick hat, wenn er auf einen fernen Horizont zugehen muss und ahnt: Es ist der Horizont einer nur auf Widerruf gestundeten Zeit. Ein Aufbruch ohne Hoffnung wäre ein Akt der Verzweiflung.

Hoffnung aber speist sich immer nicht zuletzt aus der Erinnerung. Darum wollen wir uns durchaus umsehen – nicht um Besitzstände festzuhalten, sondern um uns zu erinnern. Unser Glaube ist geradezu eine Einladung, sich an Geschichten des Aufbruchs zu erinnern, die Hoffnung machen und Orientierung ermöglichen.

Die Geschichte des Aufbruchs aus der Sklaverei in Ägypten und der Wüstenwanderung des Volkes Israel zum Sinai ist solch eine Hoffnungsgeschichte.

Der Aufbruch war für die Menschen damals lebensnotwendig. Er war die erhoffte Befreiung aus der Sklaverei, aus der Fremdbestimmung aller Lebensbereiche. Er war eine Befreiung aus Angst, Hoffnungslosigkeit und Resignation.

Aber nun erzählt die alte Hoffnungsgeschichte auch, wie es dann weiterging, wie die Angst zurückkehrte und die Hoffnung sich wieder zu verflüchtigen drohte. Die Geschichte erzählt von der Wüstenwanderung, von einem unendlich langen und unendlich gefahrvollen, ganz und gar unsicheren Weg in die Zukunft.

Der Aufbruch war notwendig, aber noch ist das Ziel nicht zu sehen, weit weg. Wer wird es erreichen angesichts einer nur auf Widerruf gestundeten Zeit? Müssen sie diesen Weg ohne Begleitung, ohne Schutz, ohne Orientierung gehen? Fragen, die sich aufdrängen, während sie am Sinai lagern und miterleben, dass Mose auf den Berg steigt.

"Hinauf zu Gott", sagt der Erzähler. Aber ist der da oben wirklich zu finden? Hörbar, erfahrbar ist nur seine Stimme. Doch es lohnt sich, auf sie zu hören. Was Gott zu sagen hat, klingt wie eine werbende Einladung: Erinnert euch an eure Befreiung aus Sklaverei und Knechtschaft. Ihr habt doch schon erfahren, wie ich euch auf Adlers Flügeln getragen habe – ein eindrückliches Bild von Fürsorge und Geborgenheit. Gott verspricht: Das soll so bleiben. Ihr sollt mein Eigentum sein vor aller Welt.

Eine gute, eine hoffnungsvolle Zusage! Damit können doch auch wir uns heute als Kirche, als christliche Gemeinde zufriedengeben.

Vor fast 50 Jahren habe ich den letzten Gottesdienst halten dürfen, den die Andreaskirchengemeinde in St. Jakobi feierte, der ersten nach der Zerstörung Hildesheims wieder aufgebauten evangelischen Kirche. Dort hatte sie schon bald nach der Zerstörung von St. Andreas ihre Heimat gefunden. Aber dann, 1965, konnte auch die alte Hildesheimer Bürgerkirche nach langjährigem Wiederaufbau ihre erneute Einweihung erleben. Wir alle waren damals für die Beheimatung in St. Jakobi dankbar. Und doch war es ein hoffnungsvoller Aufbruch auf den Weg in die wiedererstandene große und eindrucksvolle Kirche. Eine ganze Stadt, unzählige Menschen nahmen Anteil, waren bewegt, erwarteten neue Möglichkeiten für das gottesdienstliche, kirchenmusikalische und kirchengemeindliche Leben in Hildesheim.

Der Horizont, auf den die Kirche nach dem Ende der mühevollen Zeit des Wiederaufbaus in Deutschland zuging, erschien hell und einladend. Ja, wir sahen neue Möglichkeiten der Mitverantwortung unserer Kirche in der Gesellschaft – nicht zuletzt im Bereich von Schule und Bildung sowie im Aufbau von Diakonie und kirchlicher Sozialarbeit.

Ich habe meine Predigt, die ich in der Jakobikirche vor dem Auszug der Gemeinde in die neue Heimat in St. Andreas gehalten habe, jetzt noch einmal gelesen und ich will eine Passage daraus wiedergeben.

"Auch die christliche Gemeinde", so habe ich damals gesagt, "befindet sich auf der Wanderschaft – wie damals vor 3000 Jahren das Volk Israel in der Wüste. Das hat seine Zelte immer wieder neu aufschlagen müssen. Es durfte auch nicht am Berge Sinai für immer haltmachen, obwohl es an diesem Berg ganz besonders die Nähe Gottes erfahren hatte. Gott selbst befahl Mose den Aufbruch. Das ist in einem tieferen Sinn auch so zu verstehen: Gott wollte nicht, dass das Volk nur von der Erinnerung daran lebte, dass es an diesem Berg seinen Willen in Gestalt der zehn Gebote erfahren hatte. Er wollte vielmehr, dass es immer neu auf ihn und seine Gebote zugehen, sie in jeder Situation neu verstehen sollte.

Genau das gleiche soll unsere Gemeinde heute aus der Tatsache ihrer Wanderschaft lernen: Gott darf uns nicht zum frommen Besitz werden. Wir müssen Gott und seinen Willen immer neu verstehen lernen. Das bedeutet Aufbruch aus vertraut gewordenen Vorstellungen – auch über Gott. Es bedeutet Aufbruch aus liebgewordenen Formen kirchlichen Lebens."

Diese Aussage hat mich auf meinem beruflichen Weg als Pastor unserer Kirche begleitet. Seit meiner Ordination vor 50 Jahren habe ich als Auftrag eines evangelischen Predigers verstanden, den immer wieder notwendigen Aufbruch jeder christlichen Gemeinde zu thematisieren als einen Auftrag, Gottes Zusage und Gottes Gebote in die jeweilige Situation hinein auszulegen und die Herausforderung dieser Situation für unseren Glauben und unser Handeln anzusprechen.

Damals schien der Horizont unserer gesellschaftlichen und sozialen Zukunft hell, und "Fortschritt" war das Motto. Heute sehen wir, dass sich mit dem Fortschrittsgedanken ein Glaube an die Machbarkeit aller Dinge, auch des Lebens selbst, verknüpft hat und dass dieser Machbarkeitswahn geradezu tödliche Gefahren für unser Zusammenleben erzeugt. Ja. es kommen härtere Tage, und in sie hinein Gottes Zusage zu aktualisieren, ist heute Aufgabe einer evangelischen Predigt. Das jedenfalls ist meine Bilanz, wenn ich an meine Ordination vor 50 Jahren denke.

Ihr sollt mein Eigentum sein, wie ich euch auch bisher schon auf Adlers Fittichen getragen habe, sagt Gott. Seine Zusage ist über die Jahrtausende geblieben. Sie hat sich nicht verändert. Gott hat sie nicht zurückgenommen. Ihr sollt mein Eigentum sein. Das Volk des Alten Testaments hat es allein auf sich bezogen und dann Gottes Zusage mit einem immer engeren Gesetzesverständnis verknüpft. Jesus Christus hat in Gottes Auftrag diese Begrenzungen aufgehoben.

Für alle, die durch ihn Gottes Stimme neu gehört haben, war es eine Befreiung – noch einmal ein hoffnungsvoller Aufbruch; seit dem 1. Pfingsttag der Kirchengeschichte ein Aufbruch in die Weite der Ökumene. Für die damals und für uns heute mündet dieser Aufbruch in einen Weg, den Jesus Christus selbst gegangen ist, einen Weg der Nächstenliebe, der Zuwendung zu den Menschen, gerade den Schwachen, den Hilflosen und den Versagern; einen Weg der Abkehr von der Gier nach Macht und Reichtum auf Kosten anderer; einen Weg der Suche nach einem gewaltfreien Zusammenleben, nach Versöhnung und Frieden in einer menschlicheren Gemeinschaft.

Auf diesen Weg will Jesus Christus heute seine Kirche, jede Gemeinde, mitnehmen. Er will sie ermutigen, auf Gottes Stimmer zu hören und sie durch unsere Stimme, unser Verhalten, unser Leben weiterzugeben.

Das ist schon eine Herausforderung in härteren Zeiten, die wir erleben und auf die wir noch zugehen. Ich meine die Herausforderung, gegen einen unbeirrten Fortschrittsglauben Gottes Auftrag zur Bewahrung der Schöpfung zu setzen, auch wenn das mit manchem Verzicht in unserem gewohnten Lebensstil verbunden ist. Ich meine die Herausforderung, dem Machbarkeitswahn Einhalt zu gebieten und die Macher auf die gottgegebene Würde und die Unverletzlichkeit jedes einzelnen Menschenlebens hinzuweisen. Dafür steht doch unsere Kirche, an die ethischen Grundwerte eines Lebens als Gottes Gabe und als Aufgabe zu erinnern.

Leben vollendet sich nicht in der Erfüllung der eigenen Ansprüche. Leben geht nicht in Ökonomie und Besitzgier auf. Zu einem Leben nach Gottes Willen gehört die oft vergessene Tugend der Bescheidenheit, gehören der Blick für die Mitmenschen und die Suche nach Geborgenheit in einer Gemeinschaft, in der sich lebendige Menschen leibhaftig begegnen und sich gegenseitig akzeptieren auch mit allen Schwächen und Fehlern.

Solch eine Gemeinschaft ist vom Auftrag Jesu her jede Gemeinde, ist unsere Kirche mit all ihren Aktivitäten der Nächstenliebe. Jeder und jede sollen sich einbringen. So können wir gemeinsam die härteren Zeiten bestehen und verlorene Solidarität in unserer Gesellschaft neu gestalten. Für viele wird es eine Befreiung sein. Wir spüren doch ihre Hoffnung, dass die Kirche die alten Werte und die alten Gebote in dieser Gesellschaft bewahrt, damit sie menschlich bleibt oder wieder menschlicher wird und neue Freiräume für Solidarität und Gerechtigkeit ermöglicht.

Bei allen Sorgen um die härteren Tage, die auch für die Kirche kommen, bei allen Sorgen, die Kirchenvorstände, Kirchenkreisvorstände und Synoden in den kommenden Finanz- und Stellenplanungen begleiten, sollte diese Hoffnung mit Leben erfüllt werden. Die Kirche ist und bleibt doch, wie Fulbert Steffensky es gesagt hat, "der Ort des öffentlichen Gedächtnisses, der Ort der alten Visionen und der heute oft verfemten Worte Barmherzigkeit, Wahrheit, Gerechtigkeit, Gnade, Vergebung, Trost, Zorn über Unrecht, Wahrnehmung der Welt aus der Perspektive der Opfer. Wo sonst gibt es einen Ort in unserer Gesellschaft, wo diese Begriffe zusammenkommen und wo geübt wird, sie zu denken und zu leben"?
Dieses Verständnis vom Auftrag der Kirche möge uns begleiten, wenn wir auf den weiten Horizont zugehen, den Gott uns zeigt. Mögen wir die Zeit nutzen, die er uns gibt.
Amen

Printed by Books on Demand GmbH, Norderstedt / Germany